彭大家族自助錦囊

新手篇

沖繩

OKINAWA

彭國豪 郭聖馨／著

Fall in love
with Okinawa ♥

CONTENTS

我們都是愛上沖繩的人————

大家好，我們是彭大和郭妹，我們兩位愛沖繩的人，因為轉交一張網卡而見面。彭大瞭解旅遊資訊，而郭妹懂得美術設計，我們希望把美好的沖繩介紹給大家，成立了「沖繩彭大家族」臉書社團。

由於國人的旅遊習慣漸漸改變，自由行現在已經成為主流，而只需要一個多小時飛行時間就可以抵達的沖繩，儼然成為自由行首選。有別於以往的旅遊跟團模式，在沖繩旅行可以選擇自駕，為行程增添更多便利性與輕鬆感，能不受限地依照自己的喜好與習慣來安排行程，設計出最適合自己的路線圖與行程表。

許多人第一次的自由行都獻給沖繩，不論是親子遊、長輩遊、閨密遊、兩人甜蜜遊、一個人的旅行，都相當適合。有「彭大家族」做為後盾，能讓第一次安排自由行的朋友，瞭解如何完整規劃並安心出發，讓自由行變得好簡單！我們用新手的角度看待各種疑難雜症，以同理心交換，讓更多人愛上沖繩是「彭大家族」不變的初衷。

彭大原本就在旅遊業任職，成立社團一開始起源於舉手之勞，在工作過程之中，順便帶回團友們遺失在旅館中的衣物。隨著社團人數增加，社團的救援任務也開始複雜且困難化，接著郭妹也開始加入救援的行列。

我們的救援任務褒貶參雜，有人覺得不該救援、有人覺得有你真好。該救援與不該救援，常常讓我們陷入兩難之中。最基本的救援任務莫過找回衣服、鞋子、家電用品，甚至電腦３Ｃ用品。也曾經幫助過因為訂房出了狀況，一家子在路邊找不到住宿的朋友，我們當下就尋找空房的酒店，指引他們快速前往新的住宿地點。

我們也曾經遇到意外事故，有朋友在民宿跌倒受傷、小孩發高燒需要急診緊急送醫，或是需要特殊醫療的相關需求。我們也都在最快時間內告訴他們最近的醫院，以及如何找尋可以協助翻譯的朋友幫忙。

社團製作了社團標章貼紙，讓團友在沖繩時可以互相識別，但是貼紙用購買的模式似乎很奇怪，於是我們想到一種方式：你去便利商店的機器，任意捐款給你覺得需要支持的慈善機構，我們就贈送一份家族貼紙，郵資則由我們提供。從2015年10月開始，一直到2018年3月止，透過這個系統，我們一共捐出超過100萬臺幣的款項。另外，我們也長期贊助育幼院的孩童們，不是資助現金，而是採用捐贈水果的方式，來補充小孩們的營養。有很多團友們看到我們的援助模式，跟著捐贈他們家當季採收的水果。這樣一種奇妙的氛圍，在社團中開始蔓延，透過這個系統，彭大和郭妹一共購買了新臺幣27萬元的新鮮水果。

接著我們開始有規模的運作社團，得到了各方的支持：有租車公司的優惠、有美食餐廳的優惠、有熱門景點的優惠、有民宿酒店的優惠、有行李箱組的優惠、有潛水活動的優惠。我們的社團變得很特別，不再只是一個旅遊社團，具備了多功能性，可以當作旅遊資料庫、可以當作資源整合中心、可以當作分享當地優惠券的園地。

　　沖繩彭大家族自助錦囊、沖繩彭大救援家族，讓我們變成沖繩的指標性社團，讓我們在沖繩變成一個互相幫助與救援的社團。未來，也希望大家支持與愛護。

　　在沖繩，風是涼的，人是微笑的，心是寬的，每一刻、每一處都有驚喜。我們的社團，就跟你知道的沖繩一樣，那麼友善、那麼清澈。We are all the same, fall in love with Okinawa.......

　　趕快進入主題吧！沖繩有多大？絕對比你想的大更多！沖繩有什麼？絕對比你想的多更多！

第1篇

沖繩介紹

一、沖繩的大小

　　我們先以臺灣的大小來對比沖繩，分為北臺灣版與南臺灣版，讓你知道沖繩有多大！

同事說：跟澎湖一樣啊，三天兩夜就夠了吧！

左鄰說：啊不就墾丁？幹嘛去這麼多次？！

右舍說：我又不玩水，我想要逛街耶……

朋友說：不是都海邊嗎？很鄉下有什麼好玩的？

　　沖繩比臺灣小很多，由南到北，像是臺北到苗栗、臺中的距離；沖繩比澎湖大很多，所以三天兩夜絕對玩不完。

（那跟墾丁比呢？很抱歉，無法列入比例尺的測量……）

二、沖繩的季節與活動

問：我適合幾月去沖繩？

答：先瞭解自己同行親友的喜好。並參考表格內活動與祭典來做規劃。

問：春夏秋冬，沖繩玩什麼？

答：一年四季都適合去沖繩，每個月都有不一樣的體驗及玩法。

問：我該怎麼準備衣服？

答：沖繩的氣候與溫度與臺灣類似，請依照自己出遊的習慣，以及自己對於冷熱的體感，加減衣物，並請在出發前留意日本氣象廳之天氣預報。

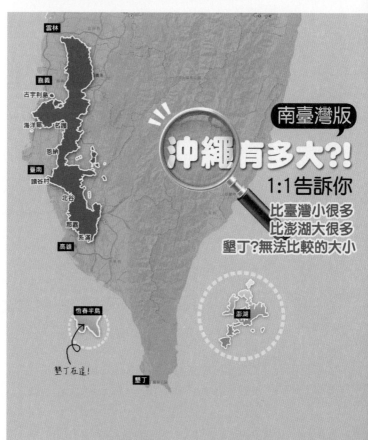

一眼看完沖繩一年四季怎麼玩
排行程，我也是達人！

我知道你想問

月份	一月	二月	三月	四月	五月	六月
最高氣溫	19.5°	19.8°	21.7°	24.1°	26.7°	29.4°
最低氣溫	14.6°	14.8°	16.5°	19.0°	21.8°	24.8°
降雨量	107mm	120mm	161mm	166mm	232mm	247mm
氣候概況與注意事項	是最寒冷的時期，跟臺灣一樣，冬季東北季風強勁。日夜溫差大，但有時中午大太陽時，也會感覺溫暖偏熱。		進入3月份天氣日益變暖，氣候宜人。4月份，沖繩已進入初夏時期，縣內各地紛紛舉行開海活動。但晚上還是比較涼，需要帶一件夾克等外衣。		5月至6月下旬是梅雨季。梅雨結束後，接下來迎來的就是連續高溫多濕的晴天。5月初為日本黃金週(日本的大型連休假日)期間。	
怎麼穿?	由於日夜溫差大，戶外或海邊空曠處風大。且室內都會開放暖氣，建議洋蔥式穿搭。注意保暖及肌膚保濕。			氣候多變的季節，出發前留意氣象廳天氣預報。多雨季節，請備妥雨具及雨天行程備案。		進入炎熱夏季，請注意防曬，多補充水份。
玩什麼?	★賞鯨船 ★一月折扣季	★賞鯨船 ★日本職棒春訓	★賞鯨船 ★杜鵑花季 ★年度家電出清特賣	★全日本最早的花火海炎祭 ★年度家電出清特賣	★百合花季 ★那霸龍舟祭	★繡球花季
	海水浴場關閉			海水浴場開放		
	潛水或浮潛是一年四季皆可參加的活動，海水恆溫，但請衡量自己對於溫度的承受度。					
必吃水果	柑橘(1~2月)、草莓(1~3月)			枇杷(4~6月)，櫻桃(5~7月)，哈密瓜(6~7月)，釋迦、鳳梨、西瓜(6~8月)		
賞花去	★櫻花1月下旬開始，是日本最早的櫻花。(今歸仁城跡、與儀公園、名護城公園、本部八重岳、八重瀨、末吉公園等等)		★杜鵑花(東村)	★百合花(伊江島)	★百合花(伊江島) ★繡球花(饒平名，5月底至6月中旬)	

資料來源1：平均溫度及降雨量以那霸市為主。
https://www.jnto.go.jp/weather/chc/area_detail.php?area_id=9110

沖繩好好玩 ♥ 沖繩玩不完

一年四季都好玩！

七月	八月	九月	十月	十一月	十二月
31.8°	31.5°	30.4°	27.9°	24.6°	21.2°
26.8°	26.6°	25.5°	23.1°	19.9°	16.3°
141mm	241mm	261mm	153mm	110mm	103mm
是大量遊客來訪的旅遊旺季。大海蔚藍清澈透底，最適合做海洋活動項目，但是，期間日照強烈，防曬霜等是必備之品，偶爾也會遇到暴風雨。		到10月仍是酷暑持續。這段時期，沖繩各地都舉辦各種盛大的慶典活動。到10月中旬為止還能下海玩水。		11月份的氣候穩定，秋色也會慢慢加深。12月份開始進入真正的寒冷季節，白天也需要厚一點的外套。	
夏季炎熱，請注意防曬。7~9月份是颱風最多的季節，要多注意氣象鷹信息，並且投保適合自己的旅遊不便險。			為平均一年中最舒適的月份，但日夜溫差開始加大，薄外套必備。	由於日夜溫差大，戶外或海邊空曠處風大。且室內都會開放暖氣，建議洋蔥式穿搭。注意保暖及肌膚保濕。	
★七月折扣季 ★海洋博公園 夏日祭典 花火節	★盂蘭盆節 （農曆7月15日）	★盂蘭盆節 （農曆7月15日）	★大網挽祭 那霸、系滿	★首里城祭	★那霸馬拉松 ★聖誕節 彩燈夜景
海水浴場開放				海水浴場關閉	
規劃行程時提前預約潛水或浮潛活動，若遇海象不佳，需有改地點或取消的備案及心理準備。					
櫻桃(5~7月)，哈密瓜(6~7月)，水蜜桃(8~10月) 釋迦、鳳梨、西瓜(6~8月)，芒果(7~8月)，火龍果(7~9月)			梨子(9~11月)，柿子(10~12月)		

let's go to Okinawa !

資料來源2：https://www.okinawatraveler.net/okinawa_event.html
備註1：各祭典或重要活動，每年日期皆有不同，請鎖定各大相關官網活動預告。本表以2017年活動為主。
備註2：以上資訊僅供參考。若有誤植或有最新資訊歡迎更正及新增。
備註3：季節水果以沖繩本島及日本進口為主。參考資料http://www.jpn-okinawa.com/tc/products/fruitsandvege/

默默的愛心

是一個承諾

這是一路走來不曾改變

也不會改變的初衷

請不要忘記我們的約定

點頭　微笑　愛沖繩

跟著彭大去旅行

用你的愛心，換社團貼紙，帶著好運出發吧！

第 2 篇

機票與住宿

一、機票選擇篇（傳統航空／廉價航空）

目前臺灣有兩家傳統航空飛往沖繩：中華航空和長榮航空。廉價航空則有臺灣虎航、樂桃航空、香草航空三家。

（一）傳統航空（中華航空、長榮航空）：

1.包含託運行李（30公斤來回）。

2.機上輕食、飲料。

3.那霸空港國際線。

4.可事先上網免費選位，不加價。

5.行李超重（超過30公斤）需付罰金。

6.中華航空目前已經開放可以事先加購行李。

7.依機型不同，座位大小會有所差異，但普遍都較廉航寬。

8.由於臺灣虎航是中華航空的關係企業，所以地勤服務是合併在國際航廈樓之內。

（二）廉航（虎航、樂桃航空、香草航空）：

1.來回託運行李費用需另計，各家航空公司價格與重量件數之規定不同。

2.機上飲食需另付費，且機上禁帶外食。

3.樂桃航空、香草航空：那霸空港LCC航廈，在國內航廈樓的4號站牌搭乘接駁車進入LCC航廈樓，後文將再詳細說

機票選擇 **航空公司** 臺灣 ←→ 沖繩

	傳統航空	廉價航空		
	中華航空 CHINA AIRLINES / EVA AIR 長榮航空	tigerair 台灣虎航	peach	Vanilla Air Creating New Sky Experience.
早鳥優惠	有	無，但有不定時促銷優惠		
託運行李重量	有，一人 30 公斤	無；須加購託運行李重量		
手提行李重量	7 公斤	10 公斤		7 公斤
手提行李尺寸	56×36×23 公分內	54×38×23 公分內	50×40×25 公分內	55×40×25 公分內
抵達航廈	那霸空港國際線	LCC 航廈		
適合族群	扶老攜幼的家族旅遊	買很多的血拼族 東西很少的背包客		
機上餐點	有，附機上簡餐、飲品	無，但機上有販售餐點 （禁帶外食）		
票價	平均價格較高	平均價格較低		
颱風	由航空公司安排 更改航班等事宜	需自行重新訂票更改航班， 不退費但會退點數供下次使用		
座位	較寬敞	較小；可加價選位		
嬰兒	每家航空可乘載的嬰兒數量不同，請盡早預定嬰兒機票			

以上資訊由各航空公司官網提供

明。而由於臺灣虎航是中華航空的關係企業，所以地勤服務是合併在國際航廈樓之內，直接在那霸空港國際線報到，跟其他廉價航空不一樣。

4.選位需加價，依照各座位不同價位不同。

5.一個人託運行李最多可加購80到100公斤。

6.座位較小，帶小孩（未滿2歲無座位）或身材體型較大的人，稍嫌擁擠。

（以上規定以各航空公司官網為主）

● **三家廉航手提行李尺寸**

　　由於廉航的行李重量都是斤斤計較，所以手提行李的重量，當然不能浪費。前頁有各家航空的手提行李規定。

（三）機票選擇問與答：

問：廉價航空沒有比較便宜？

答：廉航不定時會有促銷優惠，需多試算去程及回程的總價，與加購行李後的費用，有時候不一定會比傳統航空便宜。

問：為什麼廉價航空的票價跟傳統航空差不多？

答：早鳥的傳統航空價格通常落在6000上下，如果能夠規劃出一整年度的旅遊計畫，便可以買到優惠價格，在國外，自助旅行通常是半年前甚至一年前就開始規劃了。

問：廉價航空好麻煩？

答：傳統航空好比定食套餐，廉航好比自助餐，這樣的形容便容易理解，兩種航空的差別，一種是幫你選好、組合好、配套好；另一種則必須幾乎自己來，自己對自己負責的概念，附加服務變少了，相對的成本減少，售價也就會跟著降低。簡單來說就是使用者付費的觀念，使用多少設備就需要支付多少的費用。

問：廉價航空會不會臨時取消？

答：會，任何航空公司都有可能因為天候或機械等各種安全考量而取消或更改班機。選擇廉航就必須主動的隨機應變。

問：廉價航空取消了，我該怎麼辦？

答：在第一時間，立刻自行更改其他時段航班或其他航空公司航班，以免行程被延誤。由於廉航與傳統航空不同，必須保持主動聯繫與安排。所以購買旅遊不便險在搭乘廉航是一件很重要的事情，可以幫你降低損失。

• 建議：

1.第一次出國、第一次自助旅遊，建議搭乘傳統航空

當遇到突發狀況，傳統航空有地勤人員可以協助。如果是家族旅遊或是人數眾多的團體，我們也建議搭乘傳統航

空，因為廉價航空有時會因機械問題而停飛，這時就會要求你們更改其他航班出發！廉價航空通常一天都只有一個航班或是兩個航班，人數太多有時候不太容易候補得上機位，可能會拆成好幾個梯次，也就是好幾天才能出發！我在2017年家族旅遊時遇上颱風，二十位分成四天才全部回到家。

2.廉價航空如何選擇？

建議選擇航班較多的廉價航空，或是本土出發的航空公司。為什麼這樣建議呢？本土的廉價航空基地在臺灣，所以替代的飛機與零件就沒有問題，遇到航班機械故障，或是原定抵達飛機因天候因素滯留在國外，他們可以派遣備用的飛機來替補。如果是其他國籍的廉價航空，在臺灣沒有飛機基地，飛機壞了就要等他們下一個航班送零件來維修，甚至只能搭下一班飛機出發，往往下一班飛機都是隔天了。

二、如何挑選住宿：民宿篇

與住飯店不同，住民宿會有一種回家的感覺，很多人會說，都出來旅遊度假，就是不想要有回家的感覺啊！但選擇民宿者的想法是：「我想有到朋友家做客的感覺，然後朋友的家很漂亮，你可以當自己家來用。」你會擁有更大、更自在的環境，更好運用的時間。最棒的一點就是不用因睡到自

然醒，錯過飯店早餐而感到可惜。如果你也喜歡三五好友或是家人住在同一屋簷下，那包棟民宿會是不錯的選擇。

各大訂房網現在也有許多民宿可以預定。目前最大的民宿網是Airbnb，許多人對於這個網站有些不瞭解或偏見，更有許多爭議表示該網站為不合法經營，但仔細參閱所有相關說明後，認為該公司之所以能夠做到跨國際，必然有它的優點，尤其是保護房東及房客的條款，但礙於各國對於民宿的規定，讓它遊走於法律邊緣，類似臺灣日租套房的概念。

以下為個人小小的研究與實際住宿的經驗，整理出一些資訊給大家參考，瞭解之後，再決定要不要使用該網站進行房間預定吧！各種「聽說、好像、上次……」，還不如自己實際研究及體驗後來得更正確。

備註：本文為網路資訊、個人實際訂房與住宿經驗。請以實際相關法規（2018年6月15日將實施民宿新法，請選擇合法登記的業者）與網站規定為主。

（一）什麼是Airbnb？

網站成立於2008年8月，公司總部位於美國加利福尼亞州舊金山，讓旅行者可通過網站或手機、發掘和預訂世界

各地的各種獨特房源，為近年來「共享經濟」發展的代表之
一。（以上資訊來自維基百科）

（二）選擇及訂房的步驟

1. 輸入沖繩（或指定區域，例如：那霸、恩納等），建議用
   地圖模式來搜尋你想要的區域。

2. 輸入日期及人數（必須誠實申報）。

3. 不要馬上付款，請務必確定好入住日期及人數，因為這跟
   一般訂房網的概念不一樣，並非每一間的房源都可以免費
   取消或是修改日期及人數，並且取消都會產生網站的手續
   費，這一點要特別留意，所以建議在確認行程不會再更動
   後，再進行預定並付款，以免造成損失。

4. 點進房源後，除了看美美的照片外，更重要的是房客的
   評價，以及該房東的資料及個人評價等。每一個留言都要
   看，任何語言都要看。發訊息詢問房東你想知道的各種資
   訊，若不會日文，簡單的英文翻譯即可。多交流，讓房東
   感受你的誠意，房客擔心遇到壞房東，當然房東也怕遇到
   惡房客唷！這一來一往的互動，時常可以分辨出該房東的
   真實性，可以避免忽然被取消的可能。例如：若太久沒有
   回應或是回答的感覺奇怪，就算房間再便宜、再漂亮，請
   立刻放棄這個房源。

5. 預約完畢，隨時留意Email信箱，有無收到任何資訊，並持

續與房東保持聯繫。

（三）房間選擇小撇步

1.房間數：依照你的成員分配來決定幾間房間最適合。

2.樓層：要注意房源位於建築物的哪一個樓層，若與長輩或小孩同行，電梯就是一項必備的條件。

3.廚房：若是有廚房的房源，可以先詢問房東有無配置廚具及調味料。另外，有些房源的廚具是需另外加價申請，這是使用者付費的概念。

4.入住及退房：建議選擇自助Check in與Check out的房源，因為若要領取鑰匙，通常會約在其他地點或指定時間，這可能造成行程延誤或壓力。

5.費用：以Airbnb來說，會出現三個價錢。

第一，房價，依照人數不同，價錢會有所不同。

第二，服務費，是該網站收取的手續費，若預定後，取消訂房，無法拿回。

第三，清潔費，各房東收取的金額不一樣，請參照該房源網站所顯示。

6.取消或更改：基本上分為彈性、中等、嚴格三種。

彈性：若要獲得全額住宿費用退款，須在入住前24小時取消預訂。

中等：若要獲得住宿費用的全額退款，須在入住日期前5天

整取消預訂。

嚴格：必須在預訂後48小時內，或是入住日期前14天整前取消預訂，才能獲得住宿費全額退款。

（更多規定請參照Airbnb官網https://www.airbnb.com.tw）

什麼是自助Check in與Check out

每個房東的方式不同，通常會將房間鑰匙放在房間門口的密碼盒或是信箱內，記得跟房東索取密碼，還有進房的各種注意須知。若是有指定到達時間的房源，請務必在出發前再次確認時間，並且在指定時間前抵達，以免造成無法入住的窘境。

（四）關於評價

入住結束退房後，會收到由官網寄送的評價表，由1～5顆星來給分，還有文字敘述，這時候房東還看不到你寫的評價，這是很公平的規定。寫完評價發送後，你就會看到房東給的評價了。若要編輯評價，可以在發布評價後的48小時內、或在你的房東或房客發布評價前進行。如果已經超過48小時，或你的房東、房客已經發布評價，就無法刪除或更改了。如果覺得評價內容不實或誇大，還可撰寫回覆在該評價的下方，所有人都能看到。

三、如何挑選住宿：酒店篇

　　很多新朋友不太了解訂房的眉眉角角，我們告訴大家一些簡單的基本概念。首先，請先列印以下資料：

1. 護照影本

2. 電子機票紙本

3. 住房憑證

4. 相關的網路預訂憑證

　　很多人都覺得不需要準備電子機票，拿護照去報到，記住訂位代號就好。對，但當你遇到狀況時，航空公司雙手一攤，告訴你找不到訂位記錄，你應該怎麼處理呢？我曾有過一次經驗，那次我搭乘廉價航空，到機場報到，要託運行李時，跟我說找不到我購買行李的記錄，找了五分鐘還是告訴我找不到，我就拿出我的紙本給他看，說：「這裡有你們發的購買證明。」五分鐘後，就幫我託運行李了。

　　很多人也說住房憑證不用印，手機APP就有了。對，但是當你遇到狀況時，櫃檯人員跟你說查不到記錄，無法讓你入住的話，該怎麼辦呢？我也說個實際案例，團友遇到的，告訴你入住要補價差，因為你訂四人房，飯店說你的人數不對，或是你原本訂三間，但是櫃檯記錄只有兩間，你就可以

拿出預約單給他看，不用在那邊吵半天。

另外，要提醒大家，日本飯店是用實名制，每一位旅客都需要登記護照才能入住，所以請大家預約的時候，誠實告知真實的入住人數。

（一）訂房時務必確認的規則：

1. 用房間數計算＋人頭數計算。
2. 幾歲以下小孩不占床不用費用。
3. 一個房間最多有幾個小孩不占床不用收費。
4. 總共有幾張床，實際入住人數是多少人。
5. 要注意單人床與雙人床的尺寸大小。
6. 這個專案有沒有包含早餐。
7. 有沒有自有停車場，需不需要預約。
8. 停車場怎麼收費，大型車是否可以停。
9. 必須事先付款，還是可以當地支付。
10. 預定之後，何時可以免費取消，還是不能取消。
11. 最晚幾點要入住，櫃檯是不是24小時有人值班。
12. 行李是否可以寄放櫃檯。
13. 是否可以代收網購的商品。

問：什麼是「用房間計算＋人頭計算」？

答：一個雙人房，兩個人住跟三個人住的費用會不一樣。

問：什麼是不占床不用收費？

答：很多飯店可以讓小孩不占床免費入住，但是你在預約的時候就必須告知飯店，通常一個房間兩張床，最多可以免費讓兩個小孩入住。有些甚至規定一個房間只允許一位不占床的小孩入住。所以預約的時候，誠實告知是很重要的。

（二）單人床與雙人床尺寸大小的補充說明：

• 單人房Single Room

空間較小，房間內只有一張剛好容納得下你的單人床，適合獨自旅行的旅客，不過並不是每間飯店都有單人房。單人房通常在日本、韓國等地狹人稠的國家較多見，也真的適合一個人住，適合商務旅客小件行李入住。有時候雙開的行李箱無法在房間內開啟，只能開單邊擺放！

• 兩小床雙人房Twin

有時也會簡單稱為「雙床間」，顧名思義就是可入住兩人、且房內會擺放兩張單人床，如果想要和朋友分攤住宿費用，卻又習慣自己睡一張床時就可以選擇此種房型，也不用

擔心身旁的旅伴搶你被子或睡姿不良。

• 一中床雙人房Semi-Double

Semi-Double是在日本飯店常見的房型，以單人房型為概念設計的房間卻可接受入住兩人，床鋪尺寸也是介於單人床與雙人床之間，但房間空間較小，身材較高大的旅客睡得較不舒適，且有時房價與雙人房並沒有差多少。

• 一大床雙人房Double

Double與Twin是最常被搞混的房型。Double房型與Twin最大的不同就是房內只有一張大床，可供兩個人一起睡。雖然被譯為是一大床雙人房，但在有些訂房網站只會簡單標明為「雙人房」，因此須特別留意房型說明和顯示的房間圖片。

• 三人房Triple

三人房只是告知旅客可以入住三人，大多是由雙床房更改而成的，但並不一定都會擺放三張單人床，有些三人房為一張雙人床與一張單人床，有時候也會在雙人房中間加一張行軍床，或把床墊放地上當成第三張床，也有一些是原本的沙發拉出來變成沙發床。原本的茶几或是沙發可能被取走，改成床位，所以房間就更小、更擁擠了。旅客在訂房時必須留意房間說明，通常在訂房網站或是飯店房型說明中都會明

確標明床鋪尺寸。

• 和洋室Japanese Room

這個在日本才會有，通常會有兩張單人床，然後有一個和室的榻榻米客廳，在晚上的時候，就可以把床鋪攤在客廳的榻榻米上面變成房間，可以睡二到六人不等。

• 套房Suite

基本上可入住兩至三人，並帶有客廳，有些還會附有廚房、餐廳，宛如一個小型家庭，根據等級不同套房也可分為總統套房（Presidential Suite）和皇家套房（Imperial Suite）等。

除了上述幾種基本房型外，根據房間的功能、內部設計水準、面積大小、使用的設備檔次與服務內容的不同，客房類型還有許多不同名稱：標準房（Standard Room）、高級房間（Superior Room）、豪華房間（Deluxe Room）、行政房間（Executive Room）等，標準房通常是一家飯店的「基本款」，隨著房型等級與價格提高，房內的設備與豪華程度也會提升；如果入住靠近海灘的酒店，房型選擇中也有海景房（Ocean View Room），讓旅客一推開窗就能遠眺無敵海景。

如果入住日本傳統旅館，還可選擇睡在和室內，數張榻榻米鋪成的房間，因為沒有床鋪，所以旅館會提供鋪墊與棉被，讓旅客鋪好後直接睡在榻榻米上，通常可入住兩至五人。

隨著不斷創新，許多酒店房型名稱也不再流於形式、制式化的命名為XX單人房、雙人房，而是以符合該飯店設計風格為各種房型命名，因此旅客在訂房時，除了以房型名稱區分外，仍需仔細閱讀說明，或向房務人員確認是否符合所需。

從那霸到機場

很多人在選擇酒店住宿的時候，擔心隔天搭早班機回臺灣，都會想要住靠近機場一點。我來做一個簡單介紹：

松山機場到SOGO忠孝店差不多四公里、松山機場到西門町麥當勞差不多7公里，那霸機場到國際通縣廳前差不多5公里，搭計程車差不多是15分鐘到20分鐘。

再來大家就會關心，怎麼去機場呢？會不會攔不到計程車呢？只要思考一個問題，你早上七點在西門町或是SOGO門口，會擔心攔不到計程車嗎？我想路上應該超多計程車的吧！

第 3 篇

登機、回國
小貼士

一、機場報到＋入境流程

（一）出境介紹（桃園機場出發）：

1. 選擇傳統航空的朋友，請於航班起飛前2小時，抵達機場辦理報到手續。

2. 選擇廉價航空的朋友，請於航班起飛前3小時，抵達機場辦理報到手續。

（二）機場報到流程：

1. 找到所屬的航空公司櫃檯報到。

2. 交給地勤人員護照即可（如果你有列印訂位記錄更好）。

3. 把要託運的行李交給航空公司。

4. 讓航空公司確認手提行李是否合乎標準。

5. 拿到登機證＋行李託運貼紙後，確認你的行李已經通過安檢再離開。

6. 前往出境閘口，進行隨身行李的安檢。

7. 出境移民官蓋章。

8. 前往登機口等候登機。

9. 臺北到沖繩的飛行時間大約70分鐘。

10. 登機前一定要先上洗手間，也特別注意搭乘廉價航空者，請勿攜帶飲料與食物登機，廉價航空通常不允許大家攜帶外食。

（三）日本入境

1.國際航廈抵達入境

- 起飛後會發放三明治給大家吃！請注意，吃不完、不想吃，請不要帶下飛機，因為裡面有火腿生菜之類，日本入境不能攜帶喔！

· 下飛機後請直衝移民官，護照蓋章，千萬不要停留去廁所，不然你會被滿滿的人群淹沒，延誤你牽車的時間，當然，如果你的座位在很後面，那就慢慢來吧！

· 證照檢查，需要按壓雙手食指指紋，以及臉部攝影。

· 到了行李轉盤旁邊就有洗手間，等待行李的空檔再去放一下水吧！

· 領完行李，你們就可以填寫海關單的人數，一組一組通過海關到入境大廳找你的租車公司了。

2.那霸機場國際航廈平面圖，請參考連結

http://www.naha-airport.co.jp/zh-hant/terminal/international/

3.LCC 航廈抵達入境（廉價航空航廈）

· 下飛機後，沒有空橋，需要搭接駁車或步行到入境航廈。

· 抵達航廈之後，排隊給移民官人員蓋章。

· 證照檢查，需要按壓雙手食指指紋，以及臉部攝影。

· 蓋章完畢之後，到下一個房間等你的行李。這時候需要準

備你的行李貼紙，海關會核對貼紙跟你的行李是否吻合。

· 取完行李之後，你們就可以填寫海關單的人數，一組一組通關到隔壁的入境大廳。

· 如果你沒有租車，那就要去排隊等接駁車前往國內線4號站牌。如果你有租車，就會有兩種報到方式：

　A. 專案租車公司在這裡有駐點，從LCC接駁車直接送你到租車公司。

　B. 需要搭乘接駁車前往國內線4號站牌下車，自己去11號站牌之後，開始找你所屬的租車公司報到。

二、入境資料填寫

填寫一定要確實，請參考以下入境記錄表、物品申告書。申告書，一個家庭只需要填寫一份，填寫時僅需填寫一

LCC的接駁車

個人的資料作為代表即可。但在入關審查時，一家人必須一起走喔！若非家人一同出遊（如朋友、同學等），無親屬關係則需一人填寫一張。如果不是帶小小孩（需要牽、抱的）或是老人家，建議申告書還是分開寫，以免被海關攔下重寫。

三、沖繩離境 & 免稅品申報流程

（一）出境介紹（那霸機場出發）

1. 搭乘傳統航空的朋友，請於航班起飛前2小時，抵達機場辦理報到手續。
2. 搭乘廉價航空的朋友，請於航班起飛前3小時，抵達機場辦理報到手續。

國內線4號站牌

11號站牌

只需填寫正面唷!

1977年1月5日的意思

外国人入国記録 DISEMBARKATION CARD FOR FOREIGNER 外國人入境記錄
英語又は日本語で記載して下さい。Enter information in either English or Japanese. 請用英文或日文填寫。

【ARRIVAL】

氏 名 Name 姓名	Family Name 姓(英文) KUO 同護照英文姓		Given Names 名(英文) SHENGHSIN 同護照英文名	
生年月日 Date of Birth 出生日期	Day 日 Month 月 Year 年 日期 月份 年度 0 5 0 1 1 9 7 7	現 住 所 Home Address 現住址	国名 Country name 國家名 Taiwan	都市名 City name 城市名 Taipei
渡航目的 Purpose of visit 入境目的	☑観光 Tourism 旅遊 ☐商用 Business 商務 ☐親族訪問 Visiting relatives 探親 ☐その他 Others 其他目的 ( )		航空機便名・船名 Last flight No./Vessel 搭乘航班號 MM928 出發班機編號 日本滞在予定期間 Intended length of stay in Japan 預定停留期間 5Days 旅遊天數	
日本の連絡先 Intended address in Japan 在日本的聯絡處	Monpa Chatan Beachside Condominium Hotel 入住飯店名稱(英文)		TEL 電話號碼 098-936-0088 入住飯店電話	

裏面の質問事項について、該当するものに✓を記入して下さい。Check the boxes for the applicable answers to the questions on the back side.
對於背面的提問事項，若有符合，請在□內打✓。

1. 日本での退去強制歴・上陸拒否歴の有無 Any history of receiving a deportation order or refusal of entry into Japan 在日本有無被強制遣返和拒絕入境的經歷	☐ はい Yes 有	☑ いいえ No 無
2. 有罪判決の有無 (日本での判決に限らない) Any history of being convicted of a crime (not only in Japan) 有無被判決有罪的記錄 (不僅限於在日本的判決)	☐ はい Yes 有	☑ いいえ No 無
3. 規制薬物・銃砲・刀剣類・火薬類の所持 Possession of controlled substances, guns, bladed weapons, or gunpowder 持有違禁藥物、槍枝、刀劍類、火藥類	☐ はい Yes 有	☑ いいえ No 無

以上の記載内容は事実と相違ありません。I hereby declare that the statement given above is true and accurate. 以上填寫內容屬實、絕無虛假。

署名 Signature 簽名　KUO SHENGHSIN　簽名同護照英文姓名

新版日本入境表

E.D.No.提出入国記録番号　整理
HTTK 8368802　61

【質問事項】 [Questions] 【提問事項】

1. あなたは，日本から退去強制されたこと，出国命令により出国したこと，又は，日本への上陸を拒否されたことがありますか？
   Have you ever been deported from Japan, have you ever departed from Japan under a departure order, or have you ever been denied entry to Japan?
   您是否曾經有過被日本國強制性的遣送離境、被命令出國、或者被拒絕入境之事？

2. あなたは，日本国又は日本国以外の国において，刑事事件で有罪判決を受けたことがありますか？
   Have you ever been found guilty in a criminal case in Japan or in another country?
   您以前在日本或其他國家是否有過觸犯刑法並被判處有罪的經歷？

3. あなたは，現在，麻薬，大麻，あへん若しくは覚せい剤等の規制薬物又は銃砲，刀剣類若しくは火薬類を所持していますか？
   Do you presently have in your possession narcotics, marijuana, opium, stimulants, or other controlled substance, swords, explosives or other such items?
   您現在是否攜有麻藥、大麻、鴉片及興奮劑等限制藥物或槍枝、刀劍及火藥類？

官用欄
Official Use Only

KA6HTTK836880261

入境記錄表

3 申告單

一個家庭，只需要填寫一份**申告單**
填寫時，僅需填寫一個人的資料作為代表即可，
入關審查時，可以一家人一起走！

(A面) 日本國稅關

海關樣式C第5360－E號

攜帶品‧另外寄送的物品 申告書

請填寫下列與背面表格，並提交由海關人員。
家族同時過關時只需要由代表者填寫一份申告書。

| 搭乘班機(船)名 | 出發航空班機編號 | 出 發 地 | TAIPEI |
| 入國日 | 當天日期 年 月 日 |

| 姓 名 | 英文名 護照英文姓名 |
| | 護照中文姓名 |

| 現在日本住宿地點 | 第一天入住的飯店名稱(英文) |
| 電話 | 入住的飯店電話 |

國 籍	TAIWAN	職 業	出版業
出生年月日	1977 年 01 月 05 日
護照號碼	填寫護照號碼
同行家人	20歲以上 人	6歲以上20歲未滿 人	6歲未滿 人

※ 回答以下問題，請在□內打✓記號。

1. 您持有以下物品嗎？　　　　　　　　是　否
　① 禁止或限制攜入日本的物品(參照B面)　□　☑
　② 超過免稅範圍(參照B面)的購買品、名產或禮品等　□　☑
　③ 商業貨物、商品樣本　□　☑
　④ 他人託帶物品　□　☑
　＊上述問題中，有選擇「是」者，請在B面填寫您入國時攜帶的物品。

2. 您現在攜帶超過100萬日圓價值的現金或有價證券嗎？　是　否　□　☑
　＊選擇「是」者，請另外提交「支付方式等攜帶進口申告書」

3. 另外寄送的物品　您是否有入國時未隨身攜帶，但以郵寄等方式，另外送達日本的行李(包括搬家用品)？
　□ 是 （ 個） ☑ 否
　＊選擇「是」者，請把入國時攜帶入境的物品記載於B面，並向海關提出此申告書2份，由海關確認。(限入國後六個月內之輸入物品)
　　另外寄送的物品通關時，需要海關確認過的申告書。

《注意事項》
在國外購買的物品、受人託帶的物品等，要帶進我國時，依據法令，須向海關申告且接受必要檢查，敬請合作。
另外、漏申告者或是虛偽申告等行為，可能受到處罰，敬請多加留意。

茲聲明以上申告均屬正確無誤。
旅客簽名　與護照簽名相同

(A面) 日本國稅關

海關樣式C第5360－E號

攜帶品‧另外寄送的物品 申告書

請填寫下列與背面表格，並提交由海關人員。
家族同時過關時只需要由代表者填寫一份申告書。

| 搭乘班機(船)名 | | 出 發 地 | |
| 入國日 | 年 月 日 |

| 姓 名 | 英文名 |

| 現在日本住宿地點 | |
| 電話 | （ ） |

國 籍		職 業	
出生年月日	年 月 日
護照號碼	
同行家人	20歲以上 人	6歲以上20歲未滿 人	6歲未滿 人

※ 回答以下問題，請在□內打✓記號。

1. 您持有以下物品嗎？　　　　　　　　是　否
　① 禁止或限制攜入日本的物品(參照B面)　□　□
　② 超過免稅範圍(參照B面)的購買品、名產或禮品等　□　□
　③ 商業貨物、商品樣本　□　□
　④ 他人託帶物品　□　□
　＊上述問題中，有選擇「是」者，請在B面填寫您入國時攜帶的物品。

2. 您現在攜帶超過100萬日圓價值的現金或有價證券嗎？　是　否　□　□
　＊選擇「是」者，請另外提交「支付方式等攜帶進口申告書」

3. 另外寄送的物品　您是否有入國時未隨身攜帶，但以郵寄等方式，另外送達日本的行李(包括搬家用品)？
　□ 是 （ 個） □ 否
　＊選擇「是」者，請把入國時攜帶入境的物品記載於B面，並向海關提出此申告書2份，由海關確認。(限入國後六個月內之輸入物品)
　　另外寄送的物品通關時，需要海關確認過的申告書。

《注意事項》
在國外購買的物品、受人託帶的物品等，要帶進我國時，依據法令，須向海關申告且接受必要檢查，敬請合作。
另外、漏申告者或是虛偽申告等行為，可能受到處罰，敬請多加留意。

茲聲明以上申告均屬正確無誤。
旅客簽名

物品申告書

（二）那霸機場國際航廈報到流程

1. 飛機起飛前2小時到機場報到。

2. 國際線航廈櫃檯都在二樓，出了電梯就會看到A、B兩個櫃檯。由於臺灣都請當地航空地勤代理，所以位置沒有固定。看一下螢幕提示或是瞄一下櫃檯地勤人員的制服，就會找到你要報到的櫃檯了。

3. 前往櫃檯前排隊，所有的託運行李都要擺上去檢查，貼上封條，手提行李則無需檢查。

4. 抵達櫃檯辦理託運行李，領登機證。

5. 離開報到櫃檯的區域，往左手邊看就會看到離境安檢的排隊區域。

6. 進入安檢區後，檢查隨身行李，液體類100CC以下或打火機，都必須用夾鏈袋裝起來（二樓櫃檯旁邊小商店有在賣）。

7. 安檢完畢，進入隔壁間的移民官櫃檯，一進去會看到左手邊有一張沒有人坐的桌子，上面有一個立牌，用日文寫著「請將你的免稅單收據放入櫃子裡」，你就把護照裡面的免稅單，小心拆下釘書針之後投放進去，千萬不要把你的護照撕破囉！

8. 最後就是蓋護照的移民官了，蓋完章就去逛免稅店，還有別忘記，如果你在市區的DFS有預購的免稅品，要記得去提貨喔！

9. 如果有人忘記寄明信片，還有最後一個機會，國際航廈一

樓的便利商店有賣郵票，在結帳櫃檯的下方有一個小小的
紅色箱子，那個就是郵筒！

（三）LCC 航廈抵達離境（廉價航空航廈）

　　廉航的航站樓很特殊，必須搭乘固定的交通工具前往，
無法步行或是搭計程車入內。前往方式有兩種：

1. 搭乘租車公司的接駁車直接前往

　　少數的租車公司有特許，可以在客人還車之後，使用租車
　　公司的接駁車前往LCC航廈。

2. 在國內線航廈的4號公車站牌搭乘接駁車前往

　　搭乘LCC航廈的接駁車，必須在國內線4號站牌等待，這樣

國際機場航廈的便利商店可購買郵票，也附設有郵筒

才能前往LCC專用的航廈。目前LCC航廈有兩家航空公司飛

往臺灣，一個是樂桃航空，另一個就是香草航空了。

（四）離境流程

　　抵達航廈之後，常常有人搞不清楚流程，所以接下來我

們就來說流程：

1. 抵達後，請先找自助報到機報到。

2. 拿出你的護照＋電子機票，讓機器掃描。

3. 如果沒有列印出來，就是用護照＋自己輸入代號（這樣比

　 較麻煩）。

4. 報到完畢之後，報到機就會跑出你的登機證如下圖。

5. 拿著登機證，走到隔壁去託運行李。

6. 託運完行李，進入隨身行李安檢。

7. 安檢完畢，就到移民官蓋章的地方。

8. 蓋章完畢就到機場的候機室，裡面一樣有小小的免稅店。

9. 如果你在市區的DFS有預購的免稅品，要記得去提貨喔！

10.接著就等著廣播登機。

先去自助報到機，列印登機證，才能去託運

四、退稅／打包／整理行李篇

（一）購買免稅品的注意事項

日本的店家如果可以辦退稅，門口就會有免稅店標誌。你們在入內前可以先注意，或是直接詢問店員有沒有Tax free。

（二）免稅品的分類

在商店免稅結帳時，大家常常搞不清退稅的門檻到底是多少，為何有人說5000日圓，有人卻說5400日圓。其實兩個答案都算對，只是出發點不一樣，嚴格來說，購買免稅品退稅的門檻是5000日圓，所以購買的金額要達到5400日圓，扣掉8%的退稅之後，才能達到5000日圓的門檻。

如果你只買了5300日圓，當你扣完8%的消費稅，是達不到5000日圓門檻的。

（三）店家退稅

我們就以沖繩為例子，區分為直接免稅、辦理退稅兩種型態：

1. 直接免稅：結帳櫃檯直接是免稅櫃檯

以大國藥妝來說，他的結帳櫃檯分為一般櫃檯跟免稅櫃檯，結帳的時候請你在免稅櫃檯結帳，店員會跟你索取護照辦理免稅。

2. 辦理退稅：結帳櫃檯結帳之後，要前往免稅櫃檯辦理退稅
（大型商場退稅分為店家直接退稅，或是前往服務中心辦理退稅）

　　以驚安殿堂那霸店來舉例，在各樓層買完東西結完帳之後，再去一樓的退稅櫃檯辦理退稅。而在泡瀨跟名護店，都在同一個樓層。

　　在大型商場辦理免稅手續，目前大家會遇到的問題是，Outlet購物城Ashibinaa有一些在店家就直接免稅；有一些店家則無法免稅，需要你直接問店員。

　　AEON Mall Okinawa Rycom永旺夢樂城沖繩來客夢（簡稱永旺來客夢）分二種退稅方式，門口或是結帳櫃檯有標示綠色Tax free的店家，多了一個綠標，代表可直接在店家內辦理退稅。門口或是結帳櫃檯有標示紅色Tax free的店家，則需要去一樓的退稅櫃檯辦理退稅。一樓的退稅櫃檯在靠近巴士停車場的全家旁，不是在Uniqlo對面的旅客服務臺喔！

（四）機場辦理申告退稅流程

　　在很多國家都是在店家拿退稅單，然後前往機場辦理退稅。但是在沖繩不一樣，機場只是繳交退稅單，並沒有辦理退稅！

　　這一點真的要請大家特別注意，前文已經提到，在機場

消耗品類的免稅商品需使用特殊包裝

過完隨身行李檢查之後，你會看到一個塑膠的桶子，上面寫免稅單投入處，這時候你要小心將免稅單撕下來，投入桶內，這樣就完成通報手續了！還是再叮嚀一次：請注意，不要太粗魯的撕破護照，這樣回臺灣你就要花錢換護照了。

特別注意，根據日本規定，屬於消耗品類的免稅商品，必須使用專用特製透明塑膠袋或紙箱包裝，且在離開日本之前不能拆開使用，購買物品都會有店員協助用免稅專用袋包裝。所以結帳的時候，我都會請店員分開包裝，液體類、固體類，還有大型的我就單獨包裝一個，不然到時候行李箱裝不下就糟糕了。液體類（水、面霜、牙膏，可以塗抹的都算是液體類），一定要託運，固體類還是可以手提上飛機！

特別注意液體類物品

要注意，蒟蒻、果凍、布丁、牙膏、乳液、馬油，只要可以用手抹開的東西，都算是液體，一定要託運，不然只好在隨身行李安檢處表演「立食秀」了！

最後提醒大家，有火氣類標示符號者，禁止攜帶手提登機，請檢查包裝外觀四周是否有火氣符號。防蚊類、噴霧式防晒油最容易有標示！

（五）其餘注意事項，請參考連結

https://tax−freeshop.jnto.go.jp/chc/index.php

火氣類標示

第 4 篇

行程規劃

大概瞭解東南西北之後，就可以著手進行行程規劃囉。沖繩由南到北，就像從臺北到苗栗，九十幾公里的距離聽起來好像不遠，但由於沖繩行車的速限與臺灣不同（高速公路限速80公里，請勿超速），而且高速公路只有一條（沖繩自動車道），貫穿南北的主要省道有一條（58號公路），所以預估的車程時間，建議加上30到60分鐘。更由於旅途中可能發生的各種未知小插曲，例如：迷路、拍照、尿尿或便利商店也可以逛很久之類......請依照你和你同行親友的習慣來決定車程的預估值，寧可抓鬆一點，也不要趕趕趕。

最簡單的方法，請善用Google地圖安排行程。依照你的天數，將地圖分割（如右圖）。由北玩到南，當然也可以由南玩到北。一個區塊大約一到兩天，並可入住該地區周邊。

給第一次到沖繩的朋友行程規劃建議：

將圖中喜歡景點記錄下來，由北到南，或是由南到北排序，建議一天一到兩個景點，如果住海景飯店，請多留一點時間給飯店，別浪費了無敵海景。排不進去的，放口袋名單，因為沖繩是會一去再去的地方，請相信我！因為還記得郭妹2015年第一次去之前也覺得只會去一次，但近三年來已經去了25次，未來還會很多很多次！所以不用急著填滿每天的時間表，那樣會看不到沖繩的美，享受不到沖繩的好。大方向定出來後，其實就差不多完成了。

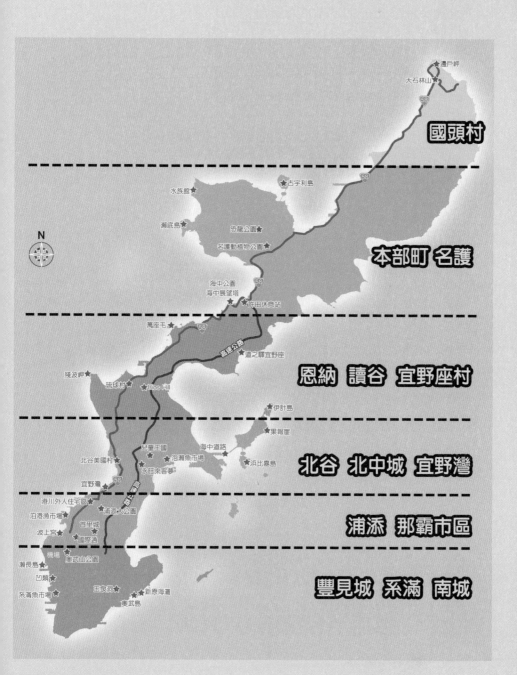

漫戶岬

大石林山

國頭村

古宇利島

水族館

瀨底島

恐龍公園

名護動植物公園

本部町 名護

海中公園
海中展望塔
許田休息站

萬座毛

殘波岬

琉球村
Bios Hill

高速公路
道之驛宜野座

恩納 讀谷 宜野座村

伊計島

果報座

海中道路

兒童王國

泡瀨魚市場

浜比嘉島

北谷美國村

永旺來客夢

宜野灣

北谷 北中城 宜野灣

港川外人住宅區

泊港漁市場

浦添大公園

首里城

波上宮

國際通

浦添 那霸市區

瀨長島

機場

凹類

奧武山公園

系滿魚市場

玉泉洞

新原海灘

奧武島

豐見城 系滿 南城

N

備瀨福木林道 🔍 553 105 654*77

美麗海水族館 🔍 553 075 797*74

八重岳櫻之森公園 🔍 206 859 348

恐龍公園 🔍 206 775 852*34

水果樂園 🔍 206 716 615*65

名護鳳梨園 🔍 206 716 467*85

名護AEON百貨．超市 📞 0980-54-8000

名護自然動植物公園 🔍 206 689 725*11

Orion啤酒廠 🔍 206 598 867*44

許田休息站 🔍 206 476 708*78

海中公園．海中展望塔 🔍 206 442 075*11

賴底島

本部町、名護
各大景點Mapcode

海洋塔 🔍 485 693 485*14

心形岩 🔍 485 662 831*22

今歸仁城跡 🔍 553 081 414*17

古宇利島

古宇利大橋

本部町

名護市

N

許田出口

沖繩自動車道(高速公路)

往恩納

玩高空飛索

沖繩陽光海岸喜來登度假酒店 🔍 206 127 799*60

浮潛 潛水

Bios之丘 🔍 206 005 115*00

真榮田岬 青之洞窟 🔍 206 062 685*77

琉球村 🔍 206 033 097*28

N

座喜味城跡 🔍 33 854 486*41

殘波岬 🔍 1005 685 296

燈塔

讀谷

58

沖繩自動車道（高速公路）

往北谷

體驗王國 🔍 33 851 347*00

海人食堂 🔍 33 792 330

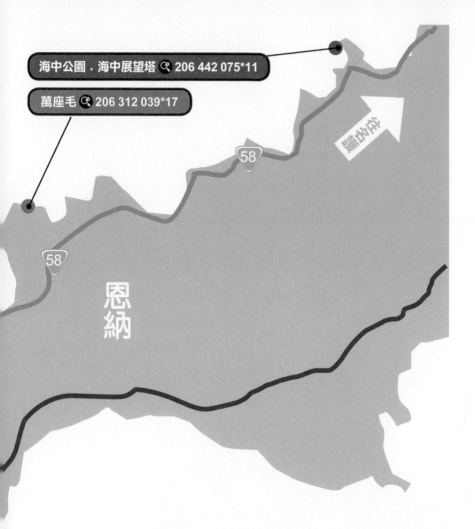

海中公園．海中展望塔 ☎ 206 442 075*11

萬座毛 ☎ 206 312 039*17

58

58

恩納

沖繩北部

讀谷、恩納
各大景點Mapcode

58

可看戰鬥機

嘉手納町屋良觀景台 🔍 33 708 603*44

往恩納

宮城海岸 🔍 33 584 342*71

美國村‧日落沙灘 🔍 33 526 450*63

安良波海灘 🔍 33 496 157*43

桃原公園 🔍 33 558 227

北谷

北中城

沖繩自動車道（高速公路）

N

宜野灣

58

往浦添‧那霸市區

果報崖 🔍 499 674 664*36

勝連城跡 🔍 499 570 238*06

海中道路 🔍 499 576 410

伊計島

平安座島

濱比嘉島

免費

Minimini Zoo 📞 098-973-4323

泡瀨漁港 🔍 33 565 310

兒童王國ZOO 🔍 33 561 766*72

永旺來客夢 🔍 33 530 406

中城公園 🔍 33 410 668

中城城跡 🔍 33 411 551*34

宜野灣海濱公園 🔍 33 402 329*11

北谷、北中城、宜野灣各大景點 Mapcode

浦添、那霸市區
各大景點Mapcode

冰淇淋工廠 🔍 33 341 534*43

港川外人住宅 🔍 33 340 059*58

浦添大公園 🔍 33 312 045

58

浦添

N

泊港魚市場 🔍 33 216 085*14

新都心

3A百貨 📞 098-951-33

DFS 🔍 33 188 297*

波上宮 🔍 33 185 023

首里城 🔍 33 161 526*

往機場

國際通周邊

國際通(中段) 🔍 33 157 411*25

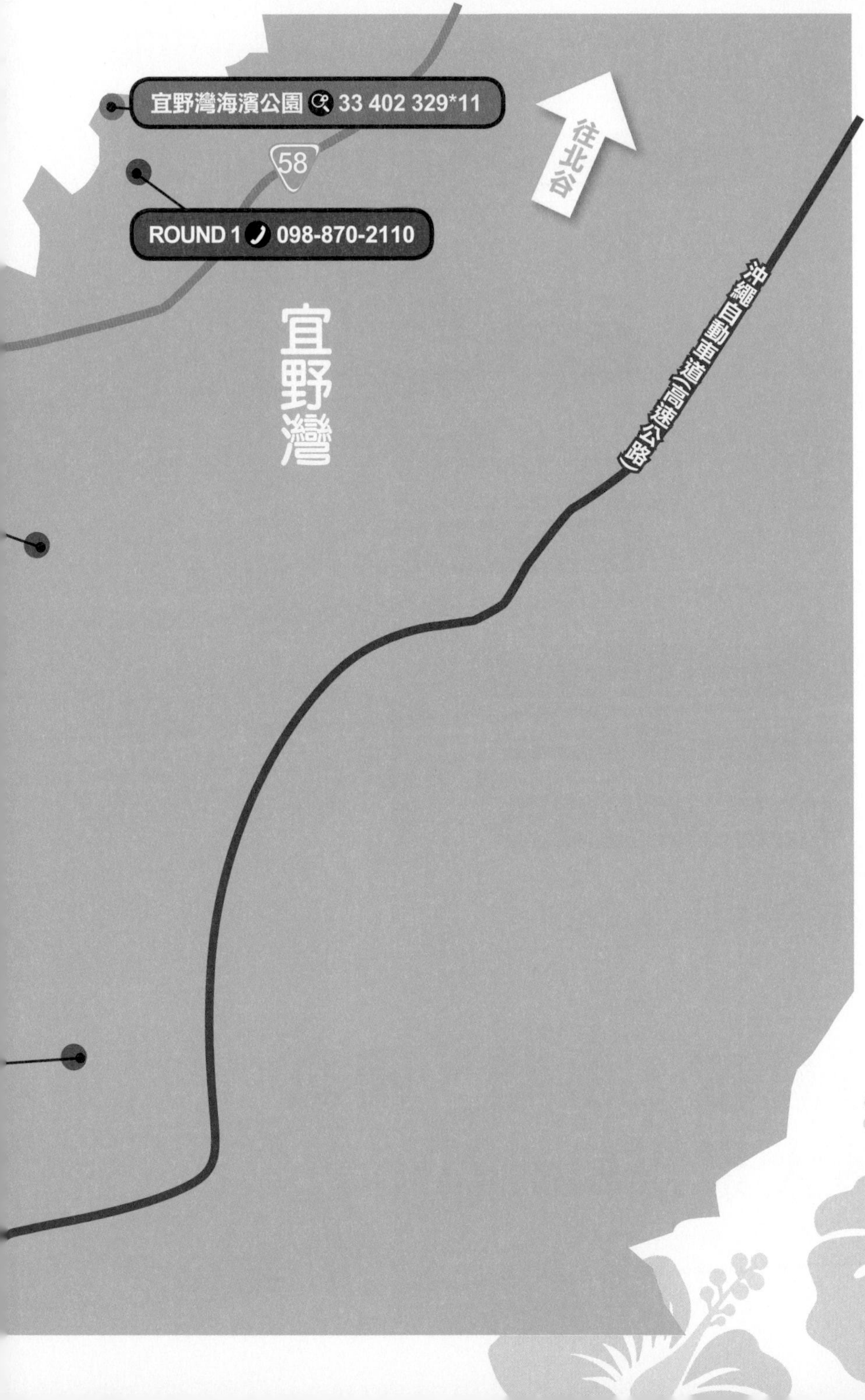

宜野灣海濱公園 🔍 33 402 329*11

58

ROUND 1 📞 098-870-2110

宜野灣

往北谷

沖繩自動車道（高速公路）

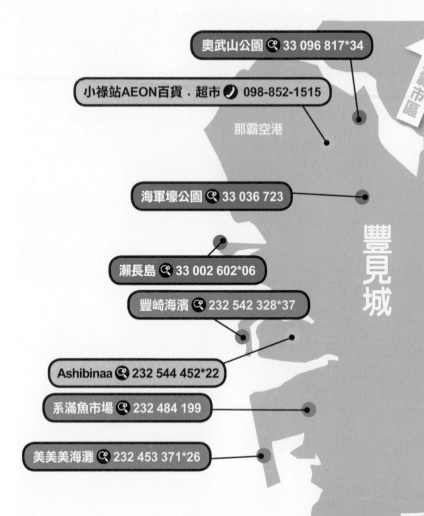

奥武山公園 🔍 33 096 817*34

小禄站AEON百貨．超市 📞 098-852-1515

那霸空港

往那霸市區

海軍壕公園 🔍 33 036 723

豐見城

瀨長島 🔍 33 002 602*06

豐崎海濱 🔍 232 542 328*37

Ashibinaa 🔍 232 544 452*22

系滿魚市場 🔍 232 484 199

系滿

美美美海灘 🔍 232 453 371*26

豐見城、系滿、南城
各大景點Mapcode

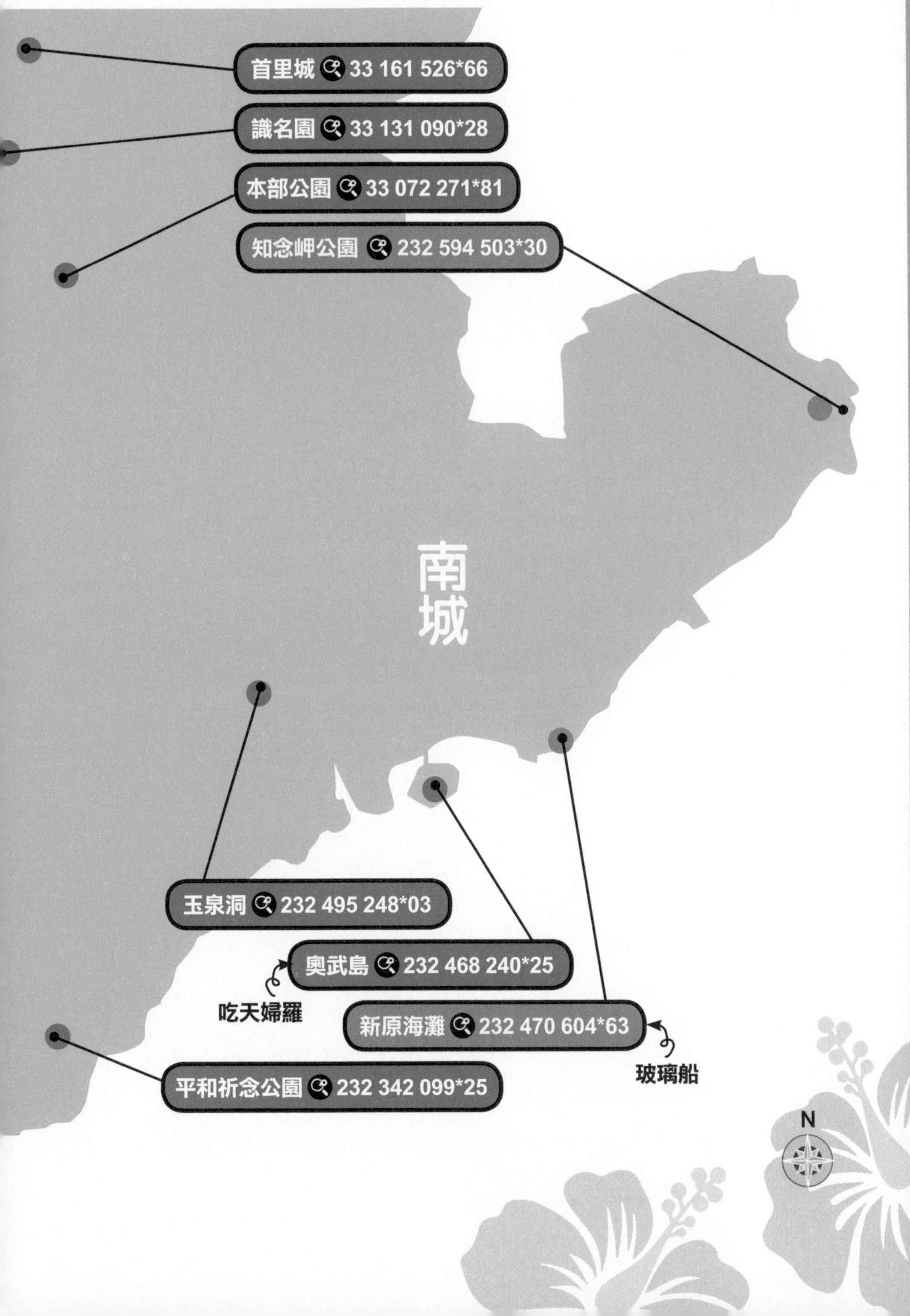

首里城 🔍 33 161 526*66

識名園 🔍 33 131 090*28

本部公園 🔍 33 072 271*81

知念岬公園 🔍 232 594 503*30

南城

玉泉洞 🔍 232 495 248*03

奧武島 🔍 232 468 240*25

吃天婦羅

新原海灘 🔍 232 470 604*63

玻璃船

平和祈念公園 🔍 232 342 099*25

N

規｜劃｜小｜撇｜步

● 小撇步1：最後一晚建議住在市區，隔天搭機方便。
● 小撇步2：每天建議一到二個景點即可，其他可當口袋名單。
● 小撇步3：避免來回跑浪費車程時間，一定要牢記各景點的順序！

一、那霸機場→北部海洋博公園

因為有很多人一到沖繩會直接衝海洋博公園，所以特別先介紹怎麼前往。有兩條路線：

1. 沖繩自動車道（高速公路會經過收費站）大約97公里，車程約兩小時（趕時間的話，建議走高速公路）。

2. 58號公路（省道，無收費站），距離差不多，但車程大約三個多小時或以上（因為沿途美景容易讓人滯留）。

二、那霸市區

1. 單軌玩那霸市區

來沖繩自助的朋友，大部分都是自駕旅行居多，當然也有人是不會開車的，這時候單軌就變得很重要了。那霸市區的交通其實很簡單，若無租車，利用單軌也可以輕鬆玩那霸。Yui-Rail 沖繩單軌電車從那霸空港出發，一共十五個站，分別為：那霸空港（起站）→赤嶺→小祿→奧武山公園

海洋博公園免費的海豚秀表演

海洋博公園黑潮之海

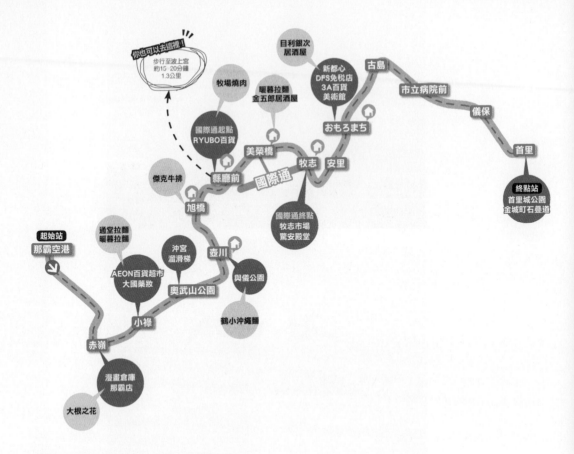

你也可以去這裡！
步行至波上宮
約15、20分鐘
1.3公里

目利銀次
居酒屋

新都心
DFS免稅店
3A百貨
美術館

古島

市立病院前

儀保

牧場燒肉

暖暮拉麵
金五郎居酒屋

おもろまち

首里

國際通起點
RYUBO百貨

美榮橋

牧志　安里

終點站
首里城公園
金城町石疊道

傑克牛排

縣廳前

國際通

旭橋

國際通終點
牧志市場
驚安殿堂

通堂拉麵
暖暮拉麵

沖宮
溜滑梯

壺川

起始站
那霸空港

AEON百貨超市
大國藥妝

奧武山公園

與儀公園

鶴小沖繩麵

小祿

赤嶺

漫畫倉庫
那霸店

大根之花

跟著單軌玩那霸

在那霸市內觀光坐「Yui-Rail」很方便，
沖繩都市單軌電車從那霸機場到首里站之間，首班車6:00到末班車23:30結束，
共連結了15個車站，每隔4.5~15分鐘一班車，各站周邊有許多餐廳美食、景點、商場，
沒有自駕的朋友，可使用無限次數的自由乘車券，
既方便又划算，從購票時間起可利用24小時，
一日自由車券(24小時)：日幣800／大人，日幣400／小孩(未滿12歲)
二日自由車券(48小時)：日幣1400／大人，日幣700／小孩(未滿12歲)

備註
■ QR單程票可於售票機購得。■ 兒童票限未滿12歲兒童使用。
■ 未滿6歲兒童在大人陪同下，最多以2名兒童為限免費搭乘，第3位起將以兒童票計價。
■ QR單程票僅限發售當日、單程1次有效。 資料來源 https://www.yui-rail.co.jp/tc/index.html

● 好吃推薦　● 好逛好玩　● 住宿推薦　● 單軌站名

→壺川→旭橋→縣廳前→美榮橋→牧志→安里→おもろまち（歌町）→古島→市立病院前→儀保→首里（終點站）。

全長大約12.9公里，搭乘一次單趟，時間約27分鐘。首班車從早上6點開始，末班車是晚上11點半。依照尖峰時間做調配，大約4到15分鐘一班車，每一個車站都有自己的專屬音樂，愛搭單軌的你可以注意聆聽唷！

各站都有不一樣的逛街點或是美食，你可以依照行程來規劃購買一日券或二日券，會比單次購買來得划算喔！一日券為24小時內不限次數搭乘皆有效，二日券則是48小時。

一日券成人800日圓，兒童400日圓。

二日券成人1400日圓，兒童700日圓。

單軌站附近也有許多住宿推薦，選擇方便。你也可以安排一到兩天入住市區飯店，利用單軌來逛逛以及吃吃喝喝。

• 單程票部分：

‧可於售票機購得。

‧限當日搭乘單程一次有效。

‧未滿12歲者車票半價。

‧未滿6歲兒童在一名大人陪同下。最多以兩名兒童為限，免費搭乘。

• 1日券＋2日券部分：

‧可於售票機購得。

‧購票起24小時（或48小時）內有效。

‧適用於全區間，可不限次數搭乘。

　　票券的購買與搭乘方式，都與臺灣的捷運或是高鐵雷同，你們看到就知道怎麼搭乘了！基本上搭一站是150日圓，搭上兩站是230日圓。簡單說，我在縣廳前上車，新都心下車，一個人是230日圓，兩個人是460日圓，有時候距離近，人數多（兩到三名），我搭計程車可能只需要700日圓，這時候搭計程車更方便，因為單軌站下車還需要走到我想要去的地方，所以大家可以自行斟酌喔！

● 可以參考單軌官網：

　　https://www.yui-rail.co.jp/tc/index.html

2. 國際通

　　「不要再叫我墾丁大街！」誰說國際通是墾丁大街？1945年以後，國際通從一條平凡的街道，迅速發展成沖繩最繁華的街道。現在，只要是來沖繩遊玩的旅客，皆會造訪國際通，可以說是沖繩的代表也不為過，俗稱奇蹟的一英里。從縣廳北口的十字路口，到都市單軌電車牧志站前的蔡溫橋十字路口為止，全長大約1.6公里，有各種伴手禮、土產、藥妝店、24小時驚安殿堂、居酒屋等，應有盡有。還有牧志市場二樓有許多海鮮代客料理，在市場通的小巷子裡更有許多好吃、好逛的可以去挖寶。例如：浮島通有許多文創小店及

特色小店。壺屋通多為安靜的巷弄，是陶器控必訪的地方。除了購物之外，也是小孩的遊戲天堂，相信可以盡情享受一段美好時光。

　　國際通在星期天中午12:00到下午18:00封街，除巡迴巴士可進入外，其餘車輛都不得進入，此時馬路上會有一些街頭藝人表演，有趣又熱鬧。在此時段內，這裡還會舉辦不同的活動或是各地區的表演等。

• 購物推薦：

　1. 琉保RYUBO百貨

　2. 美麗海水族館國際通直營店

　3. 御菓子御殿國際通松尾店

　4. Fukugiya黑糖年輪蛋糕

　5. Hotel JAL City Naha（一樓的COACH包）

　6. Calbee+薯條三兄弟分店

　7. 唐吉訶德驚安殿堂

　8. 大國藥妝店(前前後後已經有五家分店了)

　9. 宮古島雪鹽

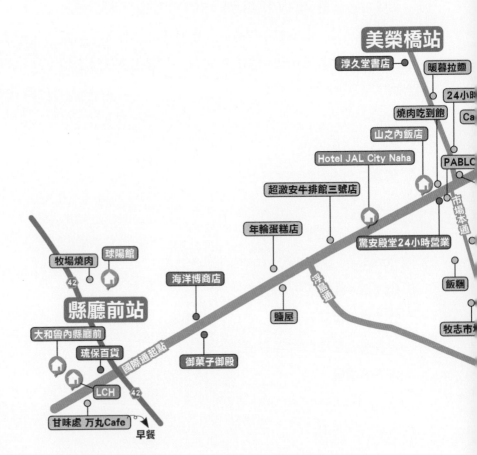

美榮橋站

淳久堂書店　暖暮拉麵

24小時

燒肉吃到飽　Ca

山之內飯店

Hotel JAL City Naha　PABLO

超激安牛排館三號店

市場本通

年輪蛋糕店　驚安殿堂24小時營業

牧場燒肉　球陽館

42　海洋博商店

飯糰

縣廳前站

浮島通

鹽屋

牧志市

大和魯內縣廳前

琉保百貨

國際通起點

御菓子御殿

LCH　42

甘味處 万丸Cafe

早餐

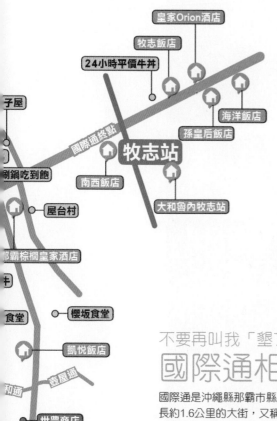

皇家Orion酒店

牧志飯店

24小時平價牛丼

子屋

海洋飯店

國際通終點

孫皇后飯店

牧志站

刷銅吃到飽

南西飯店

屋台村

大和魯內牧志站

那霸棕櫚皇家酒店

食堂

櫻坂食堂

凱悅飯店

壺屋通

和通

世豐商店

不要再叫我「墾丁大街!」
國際通相關位置圖

國際通是沖繩縣那霸市縣廳前交叉點至安里三岔路之間的一段
長約1.6公里的大街,又稱為「奇跡的一英里」。
是那霸市最繁華的商業街。
除了各式土產、伴手禮、藥妝、百貨外,
許多特色美食都集中在這裡;
在巷弄內,浮島通、壺屋通、平和通、市場本通⋯⋯
有許多可以挖寶的小店及復古的商店,及多家手作體驗館。
搭單軌從縣廳前站下車,可以一路逛到牧志站;
開車也不用擔心停車問題,周邊相當多收費停車場。

● 好吃推薦 ● 好逛好玩 ● 住宿推薦 ● 單軌站名

永旺(Aeon)

　　AEON永旺是一個集團的名稱，旗下有很多相關企業。「北中城永旺來客夢」是沖繩最大購物中心，位於北中城村。北谷美國村、小祿站、豐見城、名護，皆有相關的連鎖企業。

　　從北谷永旺百貨到北中城永旺來客夢，車程約15到20分鐘。所以要知道你想去的永旺是在什麼地點，是什麼形式的店，因為開頭都叫做永旺，很容易搞混。不要沒逛到想逛的，更不要重複逛一樣的。

　　永旺來客夢類似義大世界、台茂，有各式各樣的流行服飾跟家電用品，也有生鮮超市、美食街等。Aeon百貨店類似家樂福、三商百貨，通常一樓是超市，二樓則是百貨商場。超市店類似頂好、全聯，以生鮮超市為主。如果你去了小祿店，就不用去美國村的，因為那裡基本上都販賣一樣的商品。

名稱說明如下：
北中城永旺來客夢AEON STYLE RYCOM
名護購物中心AEON NAGO SHOPPING CENTER
美國村永旺百貨AEON CHATAN SHOPPING CENTER
那霸永旺百貨AEON NAHA SHOPPING CENTER
（那霸永旺百貨也就是我們俗稱的小祿永旺百貨）

超市系列名稱為：MaxValu，
常見到的就是下面這兩家，
牧志超市MaxValu Makishi store
若狹超市MaxValu Wakasa store
其他還有很多地方都有他的連鎖超市。

3. 新都心

還記得郭妹初訪沖繩的時候，搞不清楚新都心是什麼（糗），它究竟是個商場？建築物？還是一個區域？經過實際走訪後，才知道它好比我們說的西門町或東區，位於單軌「おもろまち」站，這是唯一沒有漢字的站名，俗稱「歌町站」。也因為蓋了San-A Naha Main Place 購物商場，後來臺灣人就習慣稱呼它為3A百貨了，新都心是個機能性相當高的區域，Muji、Sports Depo Ameku Branch、Uniqlo、玩具反斗城、西松屋那霸新都心店、免稅店DFS、大國藥妝新都心店、大型寵物用品店，當然還有我們最愛的超市。美食當然也少不了，目利銀次居酒屋、超好吃的炸雞等，3A百貨內美食街也有很多選擇，逛累了，就隨機享用美食吧！更方便的是DFS租車的取車還車點就在這區，如果你選擇入住附近的飯店，對於取車或還車，相當便利。

三、美國村

美國村是由回收美軍基地舊址改建而成的商圈，距離那霸市區開車大約30分鐘。那裡模仿美國鄉鎮的街道，周圍集合了眾多有個性的商店與美食餐廳，也有運動場、百貨商圈、美麗的沙灘等。遇到美國的特殊慶典，這裡就會充滿美國味，萬聖節、聖誕節、跨年、新年，都會有不一樣的活

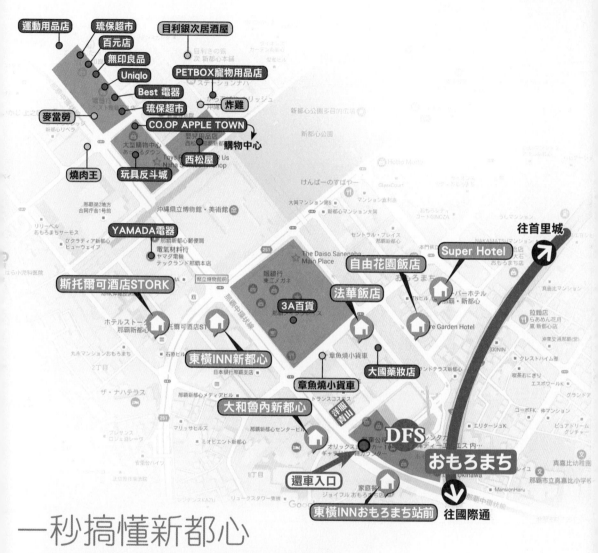

運動用品店

琉保超市

目利銀次居酒屋

百元店

無印良品

PETBOX寵物用品店

Uniqlo

Best 電器

炸雞

麥當勞

琉保超市

CO.OP APPLE TOWN

購物中心

燒肉王

玩具反斗城

西松屋

YAMADA電器

往首里城

斯托爾可酒店STORK

Super Hotel

自由花園飯店

法華飯店

3A百貨

東橫INN新都心

大國藥妝店

章魚燒小貨車

DFS

大和魯內新都心

おもろまち

還車入口

東橫INNおもろまち站前

往國際通

一秒搞懂新都心

我們常說的『**新都心**』是一個區域，就像我們說的西門町或東區的意思。

位於單軌「おもろまち」站，是唯一沒有漢字的站名，俗稱「歌町站」。

有非常多好逛、好吃，還有租車公司的取車還車站，

及多家商業型飯店，是機能性超高的區域。

距離國際通開車僅須約10分鐘，

搭乘單軌僅需兩站即可抵達牧志站。

● 好吃推薦　● 好逛好玩　● 住宿推薦　● 單軌站名

動。大家從國道58號往中部走，在國道上會看到大大的摩天輪標誌，提醒你美國村到囉！

• 美國村有幾個吸引人的地方：

1. 最便宜的大國藥妝店，特價促銷最多。

2. 永旺百貨美國村店。

3. 個性商品的小街道。

3. 最近風行的好吃飯糰分店。

4. 著名的燒肉餐廳與迴轉壽司等。

5. 著名的落日海灘，你可以看著夕陽吃晚餐，或是讓小朋友充分在沙灘上放電。

　　美國村也是一個集中讓你購物跟遊玩的好場所，目前沖繩最大的購物中心，永旺來客夢，也在美國村附近，開車大約15分鐘即可抵達。但那裡目前沒有直達的公車，建議大家搭乘計程車前往，車資大約需要1500到2000日圓。

關於沖繩計程車

　　起跳價為550日圓，超過1800公尺起，每跳錶一次為60日圓，以每349公尺計算。在沖繩路旁看到計程車，只要你一舉手，空車的計程車即會停下來。但是請大家要注意，日本的計程車後門是由司機控制的，車子一停，後車門就會被司機打開，請你不要嚇到喔！上車後，司機也會主動把門關上，請告訴司機目的地。下車時，司機會依照里程錶計費，付費後，司機會讓車門自動打開。

　　沖繩的計程車在日本算是價位便宜的，彭大在沖繩很愛搭計程車，因為便宜又方便。搭單軌不能直接到達目的地，可能下車之後還要走一段路，再加上你們可能手提一堆戰利品，會更辛苦喔！舉例說明，當你逛街逛到國際通中間的時候，突然腳痠不想逛街了，這時候你是要走回縣廳前上車，還是要跑去牧志站上車呢？是不是攔了計程車就回家最快！有時候開車去逛國際通，停車費都高過我的計程車錢了，所以在沖繩，計程車是一個不錯的選擇。

往海洋館

嘉手納町

330

兒童王國 ZOO

宮城海岸

沖繩自動車道

桃原公園

美國村

中部德洲醫院

北谷永旺百貨

永旺來客夢

日落沙灘

北谷町

北中城村

N

中城公園

330

宜野灣市

宜野灣海浜公園

沖繩自動車道

中城城跡

58

中城村

往那霸

330

美國村位於北谷町

↑ 往海洋館

Transit Cafe

浜屋沖繩麵

Caracalla彩虹甜甜圈

🏠 海濱公寓酒店
Ocean Front Hotel

58

宮城海岸

北谷町

大阪王將

炸雞 北谷店　　3A超市

肯德基　　燒肉王

琉球的牛　　迴轉壽司

北谷希爾頓飯店 🏠

58

美國村　　迴轉壽司

飯糰 北谷店　　北谷永旺百貨

VESSEL坎帕納船舶酒店 🏠

MONPA公寓式酒店　🏠

日落沙灘

Pet box
寵物用品店

海灘塔酒店 🏠

沖繩本島海濱公寓
Beachside Condominium

往那霸 ↓

往安良波海灘

美國村遊樂地圖

四、公共巴士悠遊沖繩

不自駕遊沖繩的族群，要怎麼利用『公共巴士』去悠遊沖繩呢？

• 開始使用

利用這個網站「沖繩島公車查詢：

http://www.routefinder-okinawa.com/search?Lang=zh-tw

1. 在起點輸入"你要搭車的站名"。

2. 終點輸入"你要去的站名"。

3. 再輸入要搭乘的日期、時間。

4. 這個網站會幫妳列出接近的時間，一共5條路線，含轉乘
   及車資，並且會列出轉乘的站牌名及分別車資、總車資。

5. 如需轉乘，一般都是不需移動(或者在對面)，直接在下車
   的位置等另一路線的巴士即可。

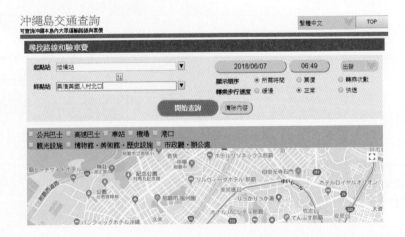

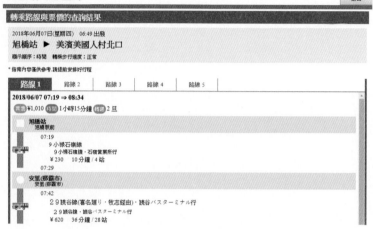

沖繩島交通查詢

退回

轉乘路線與票價的查詢結果

2018年06月07日(星期四) 06:49 出發

旭橋站 ▶ 美濱美國人村北口

顯示順序:時間 轉乘步行速度:正常

* 指南內容僅供參考,請提前安排好行程

| 路線 1 | 路線 2 | 路線 3 | 路線 4 | 路線 5 | |

2018/06/07 07:19 ⇒ 08:34

票價 ¥1,010　時間 1小時15分鐘　轉詳 2 且

□ 旭橋站
　　旭橋駅前

　　07:19
　　　9 小祿石嶺線
　　　9 小祿石嶺線・石嶺營業所行
　　　¥230　10分鐘 / 4 站
　　07:29

□ 安里(那霸市)
　　安里(那霸市)

　　07:42
　　　2 9 讀谷線(喜名廻り・牧志経由)・讀谷バスターミナル行
　　　2 9 讀谷線・讀谷バスターミナル行
　　　¥620　36分鐘 / 28 站

• 如何知道要去的地方的巴士站名?

提供我的方法:

1. 用A手機或電腦,一樣打開這個網站,在地圖的左上方有
   個『公共巴士』的選項,勾選這個框框。

2. 用B手機或電腦,打開你要出發或要去的地方的Google Map,

3. 比對同一個位置，就會知道最近的巴士站名。

4. 可利用這個網站，上面有地圖也有公車路線查詢。

http://www.kotsu-okinawa.org/map_south.html

使用步驟如下：

A.（上方兩排）選區域

B.打開地圖找巴士路線名及號碼

C.到下方的表格找出該條路線，可選按最右邊的路線圖及時刻表（時刻表的去程及回程，平日及假日，在右上角的位置選取）。我知道初學者看這個有點難，解決方式就是多按幾次。

這個公車網站上面會列出所有沖繩上面運行的巴士，有一些路線是「沖繩島公車查詢表」上面沒有的，可以兩個搭配使用。

5. 還有一個方式，就是如果是知名地標，上網查一些部落客的文章，有時候裡面會寫，所以我沒事就是筆記那些我想去的地方的巴士站名。

• 到了站牌，可是我不確定會不會搭錯邊（到底是這個，還是對面的），怎麼辦？

1. 看地圖，因為東西南北我不會分，我以我的基準是海的方

向，站面對海，看要去的地方是往左還是往右，大概可以判斷站哪一邊。

2. 看站牌，上面會寫你欲搭乘的路線號碼，上面的路徑會有經停的各站牌名，也會有發車時間，如果發車時間跟網站上所指示的不同，那就走到對面吧！

3. 問司機，這個最準了，哈哈。

4. 至於語言不通要怎麼問司機，直接把你要去的站牌名給他看，他就會示意是否讓你上車啦！

　　以上，希望對不自駕的巴士族們有幫助啦！

※備註：

　　所有的公車，在土曜日（週六）、日曜日(週日)、祝祭日(國定假日)班次跟平日是不同的，查詢的時候要特別注意這個喔！以免發生沒車搭的慘案。

這裡是旭橋巴士總站，
你會看到很多不同路線的站牌，
事先查詢好你需要搭乘的路線，
就可以很輕鬆地找到你的站牌囉！

站牌旁邊都會有指示牌，
告訴你行車路線，讓你不會搭錯車

小車站的站牌，
可能就是這樣呈現的方式

五、雨天備案（室內行程）

　　沖繩下雨了？行程亂掉了怎麼辦？免擔心，沖繩雨天一樣有很多很棒的室內行程可以安排。

• 室內遊樂場

1. 【宜野灣／南風原】ROUND 1（大型綜合體能電玩娛樂場，大人小孩皆宜）

http://www.round1.co.jp/shop/area07.html#okinawa

2. 【沖繩市】沖繩兒童王國（科學館）

http://www.okzm.jp/wonder/

3. 【那霸】波之上兒童樂園（偏幼兒）

http://www.nami-kids.com/index.html

4.【那霸】小禄保齡球館

http://orokubowl.com/

5.【北谷】Enagic Bowl 美濱保齡球館、SEGA遊樂場

http://www.enagicbowl.com/

6.【南風原】Southern-hill 運動館（冰刀、保齡球、

桌球、棒球）　http://southern-hill.com/

• 啤酒／泡盛造酒見學

1.【名護】Orion啤酒廠

http://www.orionbeer.co.jp/happypark/

2.【名護】Helios酒造（泡盛）

http://www.helios-syuzo.co.jp/docs/inspection.html

3.【系滿】MASAHIRO酒造 ※原比嘉酒造（泡盛）

http://www.masahiro.co.jp/

4.【系滿】忠孝酒造（泡盛）

http://www.chuko-awamori.com/

御菓子御殿

Orion啤酒廠

- 手作體驗/工廠見學

1. 【名護】森之玻璃館

http://www.morinogarasukan.co.jp/

2. 【名護】體驗工房琉球窯

http://taiken-jp.net/ryukyu/

3. 【名護、恩納】御菓子御殿（紅芋果子手作）

http://www.okashigoten.co.jp/onna-shop/

4. 【恩納】恩納玻璃工房（玻璃迷宮，玻璃製作體驗）

http://www.onna-glass-okinawa.co.jp/studio/

5. 【讀谷】體驗王國Murasaki（各種體驗）

http://murasakimura.com/

6. 【讀谷】GALA青海（製鹽工廠，體驗）

http://www.gala-aoiumi.com/zh

7. 【讀谷】黑糖工廠沖繩黑糖

http://www.okinawa-kokuto.co.jp/

8. 【宇流麻】命御庭製鹽工廠ぬちまーす観光製塩ファクト

リーぬちうなー

http://nutima-su.jp/

9. 【浦添】Blue seal ice park （DIY冰淇淋體驗）

http://www.blueseal.co.jp/shop/shop_makiminato/

10. 【那霸】紅型工坊首里琉染（珊瑚染體驗）

http://www.shuri-ryusen.com/

11. 【系滿】琉球玻璃村

http://www.ryukyu-glass.co.jp

• 文化藝術欣賞

1. 【本部】沖繩美ら海水族館／星象館

http://oki-churaumi.jp/

2.【浦添】浦添市美術館

http://museum.city.urasoe.lg.jp/

3.【南城】沖繩世界（文化王國・玉泉洞）

http://www.gyokusendo.co.jp/okinawaworld/

4.【那霸】沖繩縣立博物館、美術館

http://www.museums.pref.okinawa.jp/index.jsp

5.【那霸】那霸市立壺屋燒物博物館

http://www.edu.city.naha.okinawa.jp/tsuboya/

6.【那霸】貓頭鷹樂園

http://owl–oka.jp/zh/

貓頭鷹樂園門口

- 泡湯／SPA

1. 【北谷】Terme VILLA ちゅらーゆ美濱之湯溫泉

　　http://www.hotespa.net/spa/chula-u/

2. 【宜野灣】天然溫泉AROMA

　　http://www.aroma1126.com/

3. 【宜野座】喜璃癒志漢那海洋水療會館

　　https://kanassa.jp/

4. 【南城】猿人之湯

　　http://www.yuinchi.jp/

5. 【豐見城】瀨長島龍神の湯溫泉

　　https://www.hotelwbf.com/senaga/index.html

6. 【南風原】SAUNA&SPA うちな〜ゆ溫泉健康中心

　　http://www.uchina-yu.jp/

- 逛街購物

1. 【北中城】AEON永旺夢樂城沖繩來客夢

　　http://cht.okinawarycom-aeonmall.com/

2.【那霸】新都心DFS環球免稅店

https://www.dfs.com/jp/okinawa

4.【那霸】新都心3A百貨

http://www.san-a.co.jp/nahamainplace/

5.【很多分店】SPORTS DEPO 、SPORTS Alpen

https://www.alpen-group.jp/store/sportsdepo_alpen/

6.【那霸】縣廳前RYUBO百貨

http://ryubo.jp/

7.【豐見城】Ashibinaa Outlet

http://ashibinaa.okinawa/

8.【宜野灣】Super Sports Xebio 宜野店

https://goo.gl/maps/rfhsbL8n3zS2

9.【泡瀨、浦添、那霸】漫畫倉庫

http://mangasouko-okinawa.com/naha/

10.【名護、宜野灣、宇流麻、那霸】驚安殿堂

　　http://www.donki.com/

11.【那霸】module（家具家飾、雜貨文具）

　　https://goo.gl/maps/3LvWi7cASFA2

12.【那霸】淳久堂書店（文具控必去）

　　https://goo.gl/maps/xDUahFHa4yw

13.【浦添】NEOS　（露營用品店）

　　https://goo.gl/maps/imCUHYh7k572

14.【很多分店】西松屋

　　https://www.24028.jp/tenpo/detail.php?cid=&doc=523

15.【很多分店】Birthday　（婦幼用品店）

　　https://www.shimamura.gr.jp/shop/map_detail_3114.html

　　當然也可以考慮去各地的連鎖超市，例如AEON、MaxValu、Union、Big1、San–A、Kanehide 、天久樂市。

沖繩自駕遊

三證件缺一不可

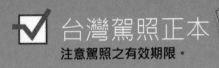

✓ **台灣駕照正本**
注意駕照之有效期限。

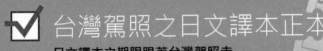

✓ **台灣駕照之日文譯本正本**
日文譯本之期限跟著台灣駕照走
若台灣駕照無期限，日文譯本即無期限。

✓ **台灣護照正本**

❌ **國際駕照**
台灣人在日本開車是不需要國際駕照的唷！
請備妥上面三樣證件正本，
缺一不可。

第 5 篇

自駕須知

一、駕照日文譯本申請辦法

要在日本自駕，你當然得先換駕照的日文譯本囉！在各縣市監理所均可辦理。

• 應備證件

1. 國民身分證正本。

2. 原領之汽車駕駛執照正本。

• 申請日文譯本辦理須知

1. 辦理規費需新臺幣100元。

2. 處理時限一小時。

3. 受理方式為櫃檯直接受理。

4. 申請方式：親自、委託申辦（如委託他人代辦者，代辦人應攜帶身分證正本以備查驗）。

二、取車注意事項

第一，租車公司都會給使用手冊，裡面有手冊＋地圖。地圖很重要，有各景點的Mapcode，還有回程營業所的位置與加油站！請先用筆把你要去的景點標示出來，這是副駕駛很重要的工作！

第二，租車包含免責保險，也就是我們的強制意外險，要注意加保安心險，也就是我們的甲式／乙式保險。各家車

行的名稱不一樣（如下列），總之就是要加保。撞到之後，如果車子還可以行走，不用賠錢；如果車況糟糕，無法行走，需負擔部分款項的保險。

OTS　安心保險
TOYOTA　免責補償
ORIX　免責補償

第三，取車時，請檢查車子四周與內部有沒有擦撞傷，有沒有需要學習的操作。要知道油箱蓋在哪裡，怎麼開啟，通常儀錶板、油箱都會提醒你加油蓋在哪一邊！

第四，大家一定都會想放音樂，所以要知道音源線在哪裡，怎麼調整音量，通常線都會放在副駕駛的置物箱裡。

第五，請租車公司指導設定導航，副駕駛最好全程錄影，忘記的時候還可以播放出來看看。接著，自己設定導航一次，我都會先設定海洋博，因為這是最遠的路線。也要自己設定不走高速公路的導航一次，剛剛設定過海洋博，再從歷史記錄叫出，然後再設定一次，選擇不走高速的狀況。

第六，先設定還車的加油站座標，知道回程哪裡加油，設定好，到時候翻找歷史記錄就可以。

第七，要加油的術語。加油站的員工一看到車子，就知道你要來加油（廢話），而且是租車公司的車，要加regular

（紅色油槍），或是你可以說滿載（中文發音）。

第八，設定還車的營業所座標，先設定好營業所，到時候翻找歷史記錄就可以。

第九，請提早一小時還車，讓自己時間充裕一點，出門玩不要讓自己壓力太大，搭飛機／搭船／還車，都是時間與金錢的遊戲，都要預留時間。

三、駕駛注意事項

第一，I KEY（智慧鑰匙）不能離開車太遠，不然系統無法啟動。車子啟動時，無法帶著鑰匙離開車子，發動時無法鎖車門離開。

第二，車子啟動有分成按鈕式啟動，還有扭轉式啟動。小車＝AQUA，按了就會發動，再按一次就是熄火。休旅車＝FREED，在我們臺灣車插鑰匙的地方有類似鑰匙的開關，通常是三段式，關／電源／發動，停車熄火的時候要特別注意，不要只關一段，要關到底，不然隔天會沒電發車！

第三，腳剎車跟臺灣不一樣，很多車子有腳剎車，要養成習慣踩到底，有時候會發生系統一切正常，但車子無法發動的問題，原因就在於剎車沒有踩到底。這個時候，請關閉電源，放開剎車，再用力踩到底，開啟電源再發動一次就可以。

第四，雨刷與方向燈左右邊與臺灣是相反的，會失誤很

正常，小心慢慢開就好！

第五，提供一個轉彎的口訣：「左轉小，右轉大。」慢慢開，有車就跟著前車走，保持安全距離最重要。

第六，注意紅綠燈，在綠燈下方還有一個小燈，那就是右轉燈號，請按照燈號轉彎。

第七，在日本右轉都會有右轉車道，所以聽到導航要你右轉時，麻煩請先到右轉車道準備右轉。

第八，要注意小車通常都沒有倒車雷達顯示器，所以請副駕駛下車幫忙看倒車！

導航注意事項

旅遊區景點：建議使用Mapcode。

餐廳與酒店：建議使用電話設定。

手機也可以開Google導航，協助搭配使用。

四、車用導航

在日本自駕遊，只要在車子GPS輸入目的地電話號碼，就可以開始導航。但是許多民宿和租借型公寓，業主所留的電話號碼並不是固定電話，而是業主的手機號碼。但手機號碼無法導航喔！

先簡單說明如何區分日本的手機號碼與固定電話。首先，沖繩的固定電話開頭分兩種。

- 第一種0980區域為北部和離島：
- 名護市
- 國頭郡(限伊江村、大宜味村、國頭村、今歸仁村、東村、本部町)
- 島尻郡(限伊是名村、伊平屋村)
- 宮古島市、宮古郡、石垣市、八重山郡
- 第二種098區域為中南部：
- 中頭郡
- 國頭郡(限恩納村、宜野座村、金武町)
- 島尻郡(伊是名村、伊平屋村、北大東村、南大東村除外)
- 系滿市、浦添市、宇流麻市、沖繩市、宜野灣市、豐見城市、那霸市、南城市

手機號碼為下列號碼開頭的導航是搜尋不到的：070、080、090，050是IP電話。

導航使用教學

- 步驟一：

初期設定操作，通常車行交車給你的時候，都幫你設定好了中文發音、日文介面，大部分的日文都有漢字，你都猜

得出來說什麼。

• 步驟二：

　　觸碰初期畫面的「目的地」或按下「MENU」，螢幕觸碰「目的地」做設定。

選擇3電話番號，也就是商店的電話號碼，如果你輸入電話號碼：0988633442，在輸入好電話之後，按下確認，正常會跑出商家資訊。

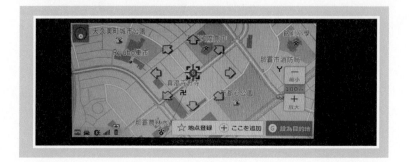

餐廳名稱會出現目利銀次新都心店，這樣才是正確的地點，然後按Go Here now，就會跳到下面的圖片。

會出現多久會到達，但是螢幕右手邊有五個選項，如果要避開高速公路，就要點按5ルート去選擇有料迴避（不走高速公路的意思）。

顯示從現在地到目的地之推薦路線、按 案內開始 導航開始。

按 5ルート 表示 能從5條路線中選擇喜愛路線。

標準 ← 標準（高速公路）

距離優先 ← 距離優先

主要道路優先 ← 主要道路優先

有料迴避 ← 一般道路

他ルート ← 其他路線

萬一你輸入錯誤的號碼，就會出現下面的畫面。

但是，如果你的畫面是出現這樣，表示商家沒有登記。

　　如果你很堅持地按下Go Here now，就會帶你到該地區的鄉鎮市公所，就GG了。

　　最後提醒大家：行進間是無法設定導航的，一定要停車、踩剎車，才能夠開始設定導航！

音響設定

按下綠色的3號，就會出現這個畫面。

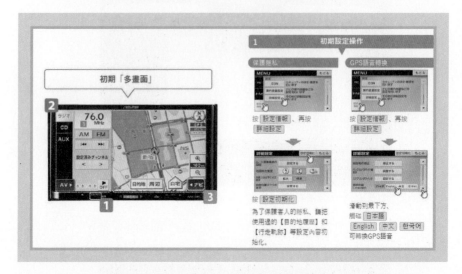

聽 音 樂

1 號就是收音機、2 號就是CD音響、3 號就是音源線。音源線會在手套箱內，就是副駕駛座的抽屜裡。

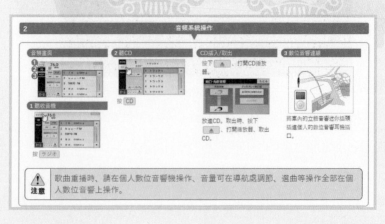

開車時常見的錯誤

1. 行進間設定導航。

2. I KEY（智慧鑰匙）放在包包，系統感應不到。

3. 手（腳）剎車忘記鬆開就開車。

4. 沒有踩腳剎車就發動，所以引擎沒有啟動。

　　還有一點很重要，很多人都說導航太早要你們靠左或靠右，這是因為在日本，到了左轉或右轉的路口，就會有左轉道或是右轉道，所以導航都會提早差不多兩百到三百公尺，提醒你要靠邊了。

　　我就用以下這張瀨長島的指引圖解釋，這裡是四線道，左邊是往名嘉地、左二是往系滿、左三是往系滿、右邊是往瀨長島。如果沒有提早轉彎，你就會被強迫直走，前往系滿了。

- 題外話1：設定的地點在施工，所以衛星定位找不到，都會叫你轉進去瀨長島。

  如果你要到系滿還車，或是要到Outlet，千萬不要右轉進瀨長島，要往系滿走才是對的。

- 題外話2：Mapcode是日本對於地圖進行切塊得到的範圍，如果沒有＊號，一格的範圍就是30m×30m，所以你定位到那個Mapcode，誤差大概最多就是30m。但是如果有＊號，就是原本30m×30m再切100格，每格3m×3m，所以＊號後面才會是兩碼00～99，這時候精確度就可以到3m。

- 題外話3：

  1. 酒店、餐廳，建議使用電話導航，因為都是小目標。

  2. 景點部分，建議是用Mapcode，因為景點會區分為：大門入口／停車場（1～10個不一定／售票口／辦公室，就像海洋博，就有P1～P9的停車場，還有售票口，所以我會建議用這個才比較方便！）。

- 資料參考來源

  OTS官網：https://www.otsinternational.jp/
  otsrentacar/cn/guide/user-info/#sec07

五、行車事故處理方法

- 處理步驟：

1. 打電話報警。

2. 通知租車公司。

3. 等警察做筆錄。

4. 車子可以行駛繼續開。

5. 還車時，提早回去辦理保險出險手續。

6. 被警察判斷不能行駛，請通知道路救援公司，車子將被回收。

7. 重新租車。

　　以彭大我的親身經驗為例，粗心的我曾經一天就來兩次事故，第一次是倒車的時候距離沒抓好，撞到副駕駛座的車門邊！立即啟動保險機制。趕快找到一位路人，指著車子受傷的地方給他看，他就知道你車禍了！把手機交給路人，請他協助打110。

　　在等待警察的時間，我打電話回報OTS租車公司。大約過了十分鐘，警察大人就出現了。然後很快地跟我要了護照正本、臺灣駕照正本、日文譯本正本、保險證書（在車上副駕駛座的手套箱裡），然後問我人事時地物：幾點幾分發生的事情、哪一家車行租的車、報車行了沒有，接著就跟我說OK，告訴我可以離開了。全程大約20分鐘。

在日本報案不會有三聯單，警察記錄完就會叫你離開了！

下圖這個叫做手套箱，裡面會放行車手冊＋保險保單，還有音源線（耳機插座插在手機上面聽音樂的）。

到了下午四點，我要去海灘塔飯店辦事情，悲劇再度發生！我又拿起電話打給OTS，接著我就開始了報警程序，這一次剛好遇到下班時間，大約等了30分鐘，波麗士大人才出現！警察大人處理了大約15分鐘，所以我總共花了大約45分鐘搞定。

然後重點來了，警察大人轉頭跟海灘塔的翻譯人員詢問（櫃檯有派一個中文翻譯協助我）：「請問你們有要求賠償嗎？」是的！撞到飯店的柱子，飯店是有權利要求我賠償的！他們回覆並不介意，客人沒事情就好！

雖然我是用比較搞笑的方式來描述，但是也提醒大家，有意外事故千萬不可以離開現場，因為撞壞東西，對方都有權利向你要求賠償。

很多人只想省車價，跑去聯合租車網租車；也有很多人說小心開就好，但很多時候不是自己小心就沒事，別人撞到你，車子有狀況一樣會被回收，你就會沒車子可以開。看完下面的比照表，你就會知道租車重要的是保險機制，而不是車價！

♥ 關於租車保險比較表

	OTS		You+I		DTS沖縄租車		7 TRC	ORIX	NIPPON	Times Car
	安心險	豪華安心險	wide補償費用(NOC補償費用)	特別補助費用(二次事故賠償)	安心險	加償保險	安心險	CDW RAP	CDW ECO	Super Safety Package
保險分級	保險分2級		保險分2級		保險分2級		保險分2級	保險分2級	保險分2級	保險分3級
保險建議	X	建議豪華安心險	X	建議特殊補助費用	X	建議加償保險	建議加購安心險到最高	建議CDW+RAP	建議CDW+ECO	建議最第三級
緊急電話 有中文對應服務	有	有	有	有	有	有	有	有	有	有
人身意外傷害理賠¥3,000萬(各家額度可能不一樣)	O	O	O	O	O	O	O	O	O	O
單一事故限制‧自付額說明 ¥20,000起(看損毀面積) ¥50,000(無法行駛)	免責	免責	免責	免責	自付額	自付額	免責	免責	免責	免責
營業之補償金額(NOC)	免責	免責	免責	免責	免責	免責	免責	免責	免責	免責
車門上鎖時的開鎖服務	O	O	O	O	O	O	X	O	O	O
電池耗盡時充電服務	O	O	O	O	O	O	X	O	O	O
漏氣時打氣服務	O	O	O	O	O	O	X	O	O	O
爆胎時備胎更換	上限2萬	O	加保:免責 未加保:最少賠償¥97200日幣起		O	O	X	O	O	O
拖車費用 不包含者需要自行付費	15公里內免費	免責	免責	免責	X	免責	自付額	上限為15萬日圓	免責	X
延後還車	一小時內	一小時內	X	X	X	X	X	一小時內	三小時內半價優惠	X
提早還車 可退回部分費用	X	X	X	X	X	X	X	O	X	X
二次換車服務 (DTS大爆氣需再次加購保險)	強制回收	換車	強制回收	換車	有條件換車	有條件換車	強制回收	強制回收	強制回收	有條件換車
晚班機抵達之 夜間取車服務	夜間取車1080日幣	夜間取車1080日幣	X	X	X	X	夜間取車依須專業不同	夜間取車依須專業不同	X	X

各家車行備註 特殊事項

- **OTS** 在沖繩北中南部皆設有更換輪胎合作店,距離均在15km範圍內。
- **7** 須年滿26歲以上或有駕照必須滿半年以上資格。
- **NIPPON** 須年滿21歲以上或有駕照必須滿半年以上資格。
- **Times Car** 1.若車輛遭受停妥被撞到無法行駛,可免費更換新車一次。 2.若是行駛狀態發生事故,就算肇事責任不確認在我方,車行將會回收且不換車。但是如果有加保Super Safety Package,可以得到20000日幣的理賠用來再租一台車。
- **You+I** 可延後一小時還車,需在營業時間。各車款費用不同,請依照官網規定。

快快樂樂出門
平平安安回家

範例說明 / **OTS租車公司發生事故SOP流程表**

請留在事故現場連繫租車公司

- ❗ 營業時間內 ➡ 連繫租車公司
- ❗ 營業時間外 ➡ 連繫JAF(道路救援) ➡ 代為連繫租車公司/警察 ➡ 隔天回報租車公司
- ❗ 營業時間外 ➡ 聯繫警察 ➡ 可以行駛：繼續行駛 ➡ 隔天回報租車公司
  不能行駛：聯繫JAF

1 須向顧客確認事項

☑ 確認是否有傷患
- ☐ 有人受傷 ➡ 撥打119連繫救護車
- ☐ 無人受傷

☑ 確認預約內容
預約編號或車牌號碼

☑ 確認事故內
時間（大約＿＿＿＿點）、**地點**（＿＿＿＿市＿＿＿＿設施停車場）
肇事者（我方或對方）、**被害者**（我方或對方）
如何發生（簡述，例：停車倒車時...）、**肇事原因**（例：因後方確認不足，倒車時後方保險桿擦撞到對方車輛前方保險桿）

- ❗ 有對方的狀態，須事先向保險公司報告

☑ 確認對方資料
姓名、電話、車牌號碼、保險公司名稱

☑ 確認車損
- ☐ 可繼續行駛 ➡ 繼續使用至還車
  務必提早三十分鐘還車，填寫相關資料
- ☐ 無法繼續行駛 ➡ 連繫JAF道路救援 📞 **#8139** 沒有開漫遊也可以撥打！

☑ 報警處理
須要報警，警察會有備案紀錄證明在警察局，
日本警察跟台灣不一樣，只會記錄，不會給你報案三聯單，
但車行可向警察局調到報案紀錄，這樣保險才能適用。
疏忽報警程序，保險無法適用下，可能會產生自付金額。

警察抵達現場

&警察向客人確認事項

☑ **確認駕駛**
出示駕照正本（本國駕照＋國際駕照）
台灣駕照持有者（本國駕照＋日文翻譯本）
護照、國籍、本國地址、聯絡電話號碼

☑ **確認車輛登錄證**
自動車損害賠償責任保險責任證明書（副駕駛座前方收納櫃內）

☑ **確認事故內容**
現場記錄，但不會給報案三聯單

☑ **結束事故處理**
※請遵照警察指示

聯繫JAF道路救援服務

$聯繫JAF道路救援服務

☑ **營業時間內**
搬運至租車公司

☑ **營業時間外**
搬運至租車公司或先搬運至住宿地，隔天再搬運至租車公司

救助電話全國都可以通用、全年全天24小時都可以使用

📞 **#8139** 〔請優先使用！沒有開漫遊也可以撥打!〕 📞 **0570-00-8139**

★撥打救助電話是要收取費用，固定電話撥打10日幣/1分鐘、手機10日幣/20秒。★插卡電話不可使用。★電話費須自行承擔。

★JAF電話為全國性通用，若無法接通或等候接通時間較長，請務必耐心等候。

注意
❶ 若對方為不同租車公司，對方為被害者狀況下可能會被對方索取NOC(營業損失費用)。請勿私下支付費用與對方和解。
❶ 由於其他租車公司，於被害的狀況之下仍會有產生NOC(營業損失費用)的契約。
❶ 這是當事者與租該車公司的契約，客人或本公司皆無支付的義務。
❶ 萬一，支付對方所要求的金額，並不會由本公司或保險公司退費給你。
❶ 擅自與對方私下合解，所支付的費用也不會由本公司或保險公司退費給你。

要注意的是二次事故之後，怎麼辦？只有OTS可以免費換車，其他有二次換車的租車公司是有條件換車，請多注意！另外，還要注意電瓶壞了、爆胎、被拖吊，這些是否都包含了。

• 報警電話日語專線

　有傷者：119（請叫救護車）

　無傷者：110（請通知警察）

有關通訊聯絡

1. 建議不要更換Sim卡，保留一支手機可以通訊，方便有狀況的時候，相關單位可以聯繫上你。
2. 可以下載Skype，直接用這個打電話。
3. 如果已經買日本Sim卡，又還沒買Skype點數，或手機沒空間無下載，需要換回自己Sim卡的狀況下，先確認自己有沒有跟電信公司開通漫遊。
4. 其實也可以多帶一支舊手機，裝自己的Sim卡。
5. 日本電話打法，先按+81去第一個0，後面接其他數字。
　（長按撥號鍵盤上的0，＋號就會出現。）

常用車行營業所電話

‧OTS 臨空豐崎營業所，電話：098–856–8877
‧JAF 道路救援，電話：0570–00–8139
‧ORIX 那霸空港所，電話：098–851–0543
‧TRC 那霸空港所，電話：098–856–8926
‧Timescar 那霸空港所，電話：098–858–1536
‧NIPPON 那霸空港2號營業所，電話：098–859–0505

附 錄

附 錄

一、出國用品清單

請你跟我這樣做　☑打勾、確認、再確認！張大眼睛準備好！

☐ 行動電源	☐ 網卡	☐ 藍芽喇叭	☐ 防曬用品
☐ 車用手機架	☐ 透明夾鏈袋	☐ WiFi 機	☐ 備用藥品
☐ 車用充電器	☐ 訂房記錄信	☐ 日幣	☐ 摺疊旅行袋
☐ 充電頭＋充電線	☐ 機票確認信	☐ 彭大家族貼紙	

初心者 必備系列

2017夏

☐ 數位相機	☐ 行李秤	☐ 臺灣駕照正本	
☐ 防水相機	☐ 延長線	☐ 日文譯本正本	
☐ GoPro 攝影機	☐ 手機用自拍棒	☐ 護照	
☐ GoPro 專用自拍棒	☐ 彭大家族行李吊牌	☐ 彭大家族磁鐵標章	

彭大家族
I♥Okinawa

【注意】圖片僅供大方向參考。實際需帶之物品及資料，請依照個人習慣、喜好及行程規劃等做準備。請務必在出發前檢查所有證件之有效期限、電子設備之電源量、機票確認信上之出發日期及所有人員之英文姓名是否正確、訂房記錄上人數及日期是否正確。

製圖／郭妹(郭聖馨)　我愛沖繩♥歡迎分享轉貼，請註明出處！

二、哪裡找寄物櫃

那霸地區：

• A. 單軌車站

1. 赤嶺站：只有中型尺寸，28吋以上行李無法放置。

2. 奧武山站：連中型行李箱都放不下喔！

3. 小祿站：有大尺寸，數量不多，僅在站內。

　　※站外可以拿到Aeon百貨，一、二樓都有投幣寄物櫃，而
　　　且取出後錢會退還喔！也有大尺寸（只到28吋行李）。

4. 壺川站：只有六個中型尺寸。

5. 旭橋站：有大尺寸，數量不多，僅在站內。

6. 縣廳前站：有大尺寸，站內站外都有，數量是最多的，但
　　是非常搶手，通常中午過去已客滿。

7. 牧志站：有大尺寸，站內站外都有，很搶手，通常中午過
　　去已客滿。

8. 美榮橋站：有大尺寸，數量不多，僅在站內。

9. おもろまち站（歌町站／新都心）：只有中型尺寸，28吋
　　以上無法放。

　　※DFS百貨（T廣場／貴婦精品百貨）也有寄物櫃，有兩種
　　　尺寸，大型的有兩排，但目測28吋以上無法。

　　※San-A Naha Main Place（3A百貨）也有寄物櫃，在一
　　　樓的電器販賣部以及中央手扶梯旁都有，大尺寸的確定

可以放28吋，29吋的不一定喔！

- B.特別推薦：

國際通，位於加樂比薯條旁邊有個Information Center（那霸市觀光案內所），有寄物櫃，但推薦寄櫃檯，一個行李500日圓，櫃檯有中文人員，非常親切還會提供觀光資訊喔！寄物時間到19:30。資訊如下：

那霸市觀光案內所

·地址：900-0013 沖繩縣那霸市牧志3-2-10

·電話：098-862-1442

·傳真：098-880-6893

·營業時間：09：00～20：00

·E-mail ：info@haha-navi.or.jp

·網站：http://www.naha-navi.or.jp/

- C. Ashibinaa Outlet ：

寄物櫃太窄，只能放得下25吋以下、瘦的行李箱。有朋友留訊指出：Outlet 1F店鋪355，可寄29吋行李，費用一件100日圓。

- D.機場地區：

根據資料來報，推薦走到國內機場找黑貓宅急便，可以寄放大小行李，費用跟寄物櫃差不多。另外，那霸機場國內線大廳Information Center後方也有很多，大小都有。

美國村地區：

1. 位於摩天輪旁（星巴克旁、北谷永旺百貨斜對面）有個 Information Center，這裡有大型寄物櫃，我去年三月去寄放的時候，沒有櫃檯人員會講中文，要用英文溝通喔！但如果只是使用寄物櫃的話，也不用特別跟他們說話啦！寄物時間到17:00。

2. 北谷永旺百貨裡面的寄物櫃很小，連25吋都無法喔！

北中城永旺來客夢：

　　有超級大大的寄物櫃，還有專門冰冷藏的寄物櫃，很強大喔！寄物櫃的位置一般都在廁所旁邊。

玉泉洞：

　　有大型投幣式寄物櫃，若已滿或放不下，售票處旁事務所可寄放，寄放方式是一次400日圓，寄放沒有時間限制，直至當日營業時間結束（18:00）。

海洋博公園（美麗海水族館）：

　　入口處有投幣式寄物櫃，可以放得下一個中型加一個手提行李箱，寄物費一次300日圓。

琉球村：

　　入口處有投幣式寄物櫃，中型一次300日圓，大型一次500日圓。

　　以上資訊若有錯，歡迎指正。

三、遺失護照怎麼辦

相關辦理程序

1. 確定護照真的遺失後，即刻至「警察署」（分局）申辦遺失。盡量不要找「交番」（派出所）。因為即使跑去交番申請，還是可能會請你去警察署申辦。

2. 拿遺失報告書：至警察署申請後，會從會計科拿到遺失報告書，確認遺失的護照數量及姓名。會計科的櫃檯，辦理時間為：平日週一到週五的9:30～17:30。如果像我這次在假日遺失，就無法由會計科開立證明，但請務必跟警察拿到報案編號（非常重要），可在上班時間到沖繩縣內任一警察署，或是那霸本部，提供報案編號，申請遺失報告書。（範本如下頁）

3. 拿到了沖繩警察署開立的遺失報告書後，可至臺北駐日經濟文化代表處那霸分處（以下簡稱臺灣辦事處）辦理返國證明。

• 臺灣辦事處上班時間
  平日週一到週五09:00～18:00，中午休息一小時。

4. 在辦事處辦理總共需要填寫三份文件：
   a. 遺失說明書（怎麼掉的）

Regarding the issued "RECEIPT OF LOST ARTICLE (S)" based on the owner's report of loss

1. · Regarding the lost article (s) reported by Mr./Ms. _____
   · We have accepted the Report of Lost Article (s), Reference No. ____1926____, on the date of
   __14__ (day) _10_ (month), _2017_ (year), at the __Urasoe__ Police Station, Okinawa Prefectural Police.

2. We do not make an investigation report regarding this case of the reported lost article (s).
   (Our system in responding to the reported lost article (s) in Japan is to notify the owner only when the article (s) are found. We do not conduct investigation nor search for the lost article (s) based on the owner's report.)

3. The issued "Receipt of Lost Article (s)" does not prove the fact that the owner has lost an article. However, the receipt (containing the reported Time and Date, Reference Number, Name of Owner and the details of Lost Article (s)) shows that the __Urasoe__ Police Station has accepted the "Report of Lost Article (s)" (containing the lost Date, Location and Discriptions, etc.), reported by the owner.
   In addition, regarding the "Report of Lost Article (s)", we ask for your kind understanding that we do not implement services of issuing certifications other than the "Receipt of Lost Article (s)".

4. The details of the reported article (s) from the owner are as follows.
   ① Passport (▓▓▓▓ ▓▓▓▓ ▓▓▓)
   ②
   ③
   ④
   ⑤

5. The article (s) stated in the "Report of Lost Article (s)" has not been found at this point of __14__(day) _10_ (month), _2017_ (year).

6. If the lost article (s) are found, it can be delivered back to the owner on his/her own expense. Please be reminded that the delivery charge can only be paid by Japanese Currency (Yen) or by Japanese Postal Stamp.
   Therefore, if the lost article (s) were found after the owner returned to his/her country, we are able to deliver the article (s) back to the owner after he/she sends the delivery expenses beforehand.

Accounting Section of the __Urasoe__ Police Station, Okinawa Prefectural Police

b. 護照取回委託書（如果在沖繩找到護照，辦事處會去領回，作廢寄回臺灣）

c. 基本資料連絡單

要提供兩張照片，4.5×3.5cm標準證件尺寸，並且要半年內或是與現有護照上不同的大頭照。我光是搞照片就跑了四趟，辦事處靠國際通巷口的Lawson，有影印機可以提供照片列印功能，印一組含4.5×3.5四張大頭照需200日圓。如果手邊都沒照片，可以去縣廳前琉波百貨MOS隔壁的照相館拍，等待10分鐘一組四張1000日圓。

5. 繳交照片及填寫文件後，等待4到5小時左右，即可去辦事處領取入國證明書，在沖繩辦理的部分是不收錢的。

6. 去機場直接拿著入國證明書，即可辦理登機出關等所有事宜。（辦事處會幫忙通報沖繩機場及臺灣海關）

7. 返國後通關後看到的第一個移民署櫃檯，請去辦理入國許可副本，一個人400元。112頁圖是臺灣出入境許可證範本。

8. 拿著所有申請的文件去徐州路聯辦申請新的護照，且該護照只有5年的期限。

※附帶一提，如果真的忘記帶駕照譯本，辦事處有現場提供申辦日文譯本的服務。

本篇文章感謝彭大家族自助錦囊團友Spike Chu分享。

入 國 證 明 書
ENTRY CERTIFICATE
FOR THE REPUBLIC OF CHINA NATIONALS
外交部領事事務局
BUREAU OF CONSULAR AFFAIRS
MINISTRY OF FOREIGN AFFAIRS

中 文 姓 名 (Chinese Name)			
英 文 姓 名 (English Name)			
身分證統一編號 (Personal Id. No.)			
性 別 (Sex)	出 生 日 期 (Date of Birth)		出 生 地 (Place of Birth)
□男 M ☑女 F	(Y) (M) (D)		臺北市
護 照 號 碼 (Passport No.)	發 照 日 期 (Date of Issue)		效期截止日期 (Date of Expiry)
	2017 (Y) 08 (M) 31 (D)		2022 (Y) 08 (M) 31 (D)

上列人士可於西元 **2017** 年 **10** 月 **30** 日前進入臺灣地區。
This is to certify that the above holder can enter **Taiwan**
before **2017** (Y) **OCT.** (M) **30** (D).

發 證 地 : 台北駐日經濟文化代表處那霸分處
(Issuing Place)

發 證 人 : 吳芾美　(中英文)
(Issuing Officer)

發 證 日 期 : 2017 年 10 月 16 日　那霸(106)入字第 034 號
(Date of Issue) 2017 (Y) OCT. (M) 16 (D)

簽發事由(Issuing Grounds):

1. □ 設戶籍國民因不予核發、依法扣留或註銷護照。
   An R.O.C. national with registered permanent residence in the Taiwan Area whose passport should not be issued or has been withheld or canceled.

2. ☑ 有戶籍國民遺失護照，不及等候駐外館補發。
   An R.O.C. national with registered permanent residence in the Taiwan Area who has lost an ROC passport and cannot wait for re-issuance.

3. □ 有戶籍船員未持護照出國特殊原因改搭其他交通工具返國。
   An R.O.C. national with registered permanent residence in the Taiwan Area who work on a ship without an ROC passport and has to return to Taiwan via other means of transportation due to special circumstances.

4. □ 有戶籍國民護照逾期，不及等候駐外館發護照而急須返國。
   An R.O.C. national with registered permanent residence in the Taiwan Area whose passport has expired and cannot wait for re-issuance.

5. □ 有戶籍國民所持護照無國民身分證統一編號。
   An R.O.C. national with registered permanent residence in the Taiwan Area whose passport is without ID NO..

6. □ 有戶籍國民因特殊事故急須返國。
   An R.O.C. national with registered permanent residence in the Taiwan Area has to return to Taiwan urgently due to special circumstances.

備註(Note)：

1. 返國者應於機場、港口入境時向入出國及移民署國境事務大隊補辦手續，取得「入國許可證副本」後得憑以驗入國。
   The Entry Certificate holder shall apply for an Entry Permit with the Border Affairs Corps of National Immigration Agency (NIA) at the port of entry in order to enter Taiwan once.

2. 本證一式兩份，一份由申請人持用，一份由駐外館處備查。
   This Certificate is in duplicate, one to be used by the holder and the other to be filed by the R.O.C. Overseas Missions.

許可證號 10680003062

中華民國臺灣地區入出境許可證
EXIT & ENTRY PERMIT TAIWAN REPUBLIC OF CHINA

注意事項！
1.本證記載如有錯誤，請即申請更正。
2.持證人除依規定經核准延期者外，應於許可在臺停留期限屆滿前離境。
　逾期居停留者，依法得強制出境，並影響居留或再入境權益。

WARNING!
VISITOR TO TAIWAN, R.O.C.
PLEASE TAKE NOTICE:
1.IN CASE OF A FACTUAL ERROR IN THIS PERMIT, PLEASE APPLY FOR CORRECTION.
2.UNLESS AN EXTENTION HAS BEEN GRANTED AS PER APPLICABLE RULES, THE PERMIT
　HOLDER MUST LEAVE TAIWAN BEFORE THE EXPIRY OF THE DURATION OF STAY ON THE PERMIT .
　PERSONS WHO OVERSTAY MAY BE DEPORTED AND DENIED RIGHTS OF RESIDENCY OR
　REENTRY IN THE FUTURE.

附記 Notes	入境查驗 Entry Inspection
入國證明書：遺失護照 戶籍經遷出者，於入國後3個月內，持本證 向原戶籍所在地戶政事務所辦理遷入登記； 未在原戶籍所在地居住者，向現住地戶政事 務所辦理遷入登記 須辦妥有國民身分證統一編號之中華民國護 照始得出境 於效期內得入境一次	OCT 17. 2017

公務註記 Official Notes	*供查驗
	本編作廢， 須重新申請 新證始得持 憑出境。

許可證類別 Permit Type 入國證明書及入國許可證副本	發證日期 Date of Issue 17 Oct 2017	本證有效期限 Date of Expiry 17 Oct 2017

事由 Purpose 詳附記	姓名 Name	

	護照號碼(大陸地區人民往來臺灣地區通行證) Passport No.	身分證號 ID No.
	出生日期 Date of Birth	性別 Sex F
	出生地 Place of Birth	許可停留期限 Duration of Stay

在臺地址 Address in Taiwan 臺北市

四、緊急醫療

　　以下醫院，基本上溝通都沒有問題，可能有中文翻譯人員，也可利用三方翻譯機、手機翻譯軟體，所以跟醫生互動沒有問題。萬一你跑到其他醫院也沒關係，寫出簡單的單字，醫生大部分都看得懂，例如寫發燒38度、感冒、頭痛、腸胃炎（拉肚子）。外傷就更簡單了，看到傷口就會處理。所以不用緊張，你去的是醫院，即使不講話他們也可以感覺得出來一定是有不舒服，只是要多花一點時間找出病因而已。大部分的醫院都可以刷卡，也不用擔心錢的問題。

沖繩醫院

1. 那霸近郊

　·沖繩協同病院

　·24小時急診醫院

　·導航設定：098–853–1200

2. 那霸市區

　·又吉小兒科

　·上午：09:00～13:00

　下午：15:00～18:00

　·定休日：週日休息

·導航設定：098-861-5110

·宮城小兒科

·上午：09:30～12:00

　下午：14:00～18:00

·週六：09:30～12:00

·定休日：週日休診、國定假日休診　

·導航設定：098-863-8811

·赤嶺耳鼻喉科

　（12歲以下不受理，日本嬰幼兒就是要去看小兒科）

·每天：09:00～19:00

·週日：09:00～12:30

·定休日：週四休息、國定假日休診　

·導航設定：098-858-5678

·會說中文的日本醫生，臺灣的醫學院畢業。

● 北谷／恩納地區

·中部德洲會病院

·24小時急診醫院

·導航設定：098-932-1110　

·找急診室

• 名護市近郊

·沖繩縣立北部病院

·24小時急診醫院

·導航設定：0980-52-2719

·北部地區醫師會醫院

·24小時急診醫院

·導航設定：0980-54-1111

• 看完醫生不要忘記索取以下證明，回國後至健保署填具全民
  健康保險自墊醫療費用核退申請書以申請醫療費用給付：

1. 醫療費用收據正本及費用明細，如為中、英文以外之文件
   時，應檢附中文翻譯。

2. 診斷書或證明文件，如為中、英文以外之文件時，應檢附
   中文翻譯（住院案件者：另檢附出院病歷摘要）。

3. 當次出入境證明文件影本或服務機關出具之證明。

健保規定：

　　保險對象如到國外、大陸地區旅遊或處理事務，臨時發
生不可預期的緊急傷病或緊急生育情事，必須在當地醫療院
所立即就醫時，須在急診、門診治療當日或出院之日起算六
個月內，檢具下列書據，申請核退醫療費用，核退標準則依
全民健康保險給付規定核實支付，唯訂有上限，以支付國內
醫學中心標準為最高之上限額，並每季公告，每季上限金額

請見：健保局首頁 〉 一般民眾 〉 自墊醫療費用核退 〉 在國外或大陸地區自墊醫療費用核退上限。（請向投保單位所屬轄區的分區業務組申請）

• 申請方式：

可由保險對象（法定代理人、法定繼承人）或受委託人向本署轄區分區業務組辦理核退手續，另可親洽本署各分區聯合服務中心或以掛號郵寄方式提出申請，如尚未返國得委託他人代為申請，請出具委託書。

• 申請文件：

須檢附醫療費用核退申請書、醫療費用收據正本及費用明細、診斷書、住院案件需附出院病歷摘要及當次出入境證明等文件。

五、當行程延誤

遇到天氣因素所造成的延誤，當下能做的就是轉念，並確認自己所在的情境與旅遊不便險的規定：

• 情境一：出國前一天廉航就說不飛了，併隔天航班一起飛。

SOP：上網或是找旅行社開原定航班足6個小時後的機票，如果你買的是富邦的保險，在規定保險實支額度內就再買張單程機票繼續行程，富邦會賠你機票差額，因為原機票可退費。理賠額度通常上限是20000元內。

- 情境二：出國前5小時又59分，收到簡訊說今天不飛了，併
  　　　隔天航班一起飛。

  SOP：上網或是找旅行社開原定航班足4到6個小時內的機
  票，以富邦規定來說，在保險定額的額度內，就再買張單
  程機票繼續你的行程，富邦會賠你定額。定額制，理賠額
  度通常上限是4000元。（PS.如果機票是買在6小時後，即
  可轉實支20000元差額。）

  上網或是找旅行社開新航班的機票，以國泰為例，在規定
  保險定額的額度內，就再買張單程機票繼續你的行程。國
  泰賠你定額，理賠額度通常上限是5000元。

- 情境三：國外新幹線延誤足4到6個小時內。

  SOP：以富邦定額來說，不趕時間的話，先拿延誤證明，
  到車站附近坐下來喝杯咖啡。定額制，理賠額度通常上限是
  4000元；趕時間的話，先拿延誤證明後，找替代交通工具。

- 情境四：國外新幹線延誤6小時以上。

  SOP：有其他替代交通工具，先拿證明，改定原定班表6
  小後的其他交通工具繼續行程，以富邦來說，實支額度內
  支付扣除新幹線退票金額，如需留宿誤餐也在給付的實支
  實付範圍內，但消費時間點需在原定班表之後。理賠額度
  通常上限是20000元。國泰則沒有此條款。

- 情境五：返國前廉航就說不飛了，併隔天航班一起飛。

  SOP：上網或是找旅行社開原定航班足6個小時後的機

票，符合富邦規定保險實支額度內，就再買張單程機票返回溫暖的家，富邦會賠你機票差額，因為原機票可退費，如需留宿誤餐也在給付的實支實付範圍內，但消費時間點需在原定班表之後。理賠額度上限是20000元。或是找4小時後的機票。轉定額制，理賠額度通常上限是4000元。

上網或是找旅行社開新的機票，符合國泰規定保險定額的額度內，就再買張單程機票繼續你的行程，國泰會賠你定額。定額制，理賠額度通常上限是5000元。

如需留宿，國泰有實支實付，但消費時間點需在原定班表之後。理賠額度通常上限是15000元內。

- 情境六：國內延誤4小時以上，順著航空公司的安排，機場等航班。

富邦理賠定額。定額制，理賠額度通常上限是4000元。

國泰理賠定額。定額制，理賠額度通常上限是5000元。

以上為模擬107年01月02日，富邦、國泰旅遊不便險之組合，如有異動以保險公司條款為主。

申請理賠所需文件

必備文件：延誤電子機票、延誤證明4小時起、延誤後再搭乘的登機證或搭機證明、6小時轉實支另需購買金額之證明、留宿（Delay航班原出發時點後入住），住宿證明需有入住人護照名、飯店收據（平臺電子收據）、誤餐（原Delay航班原出發時點後之誤餐），如果是富邦，一人一套餐比較好核銷。

六、颱風天取消行程

如果發現有颱風可能影響沖繩，請隨時注意航空公司官網或打客服確認，我們以一個實際例子來說明。本次情況是在七月時遇到颱風，本來從臺灣出發，航空公司在起飛的12小時前，在官網公布停飛。

處理流程：

- 步驟一：先決定尋找替代航班或取消行程，並索取「航班延遲證明」或「航班取消證明」。要注意，搭乘廉航，如果你有投保旅平險＋不便險，在投保規範下，改搭乘其他替代航班，請勿索取退票（費）證明，因為一旦如此，保險就不會理賠你購買其他航空的機票費用了。
- 步驟二：打給訂房網客服，通知因飛機停飛要取消飯店，客服會通知飯店，原則上都能免費取消，但有的需要出示停飛證明。要注意，請先透過你的訂房網取消相關訂房，大部分都會幫你取消訂房，部分特價商品可能只會讓你變更訂房日期，叫你再找時間出發去使用掉。
- 步驟三：通知保險公司，延期或取消保單，可以進行退費。
- 步驟四：通知接送機取消或改期。
- 步驟五：如果有在沖繩訂車，也要發信或以電話通知，取消訂車或延後取車時間。

善用查詢

- 必備文件：

1. 航班資訊查詢
    - 桃園機場起飛資訊：
      http://www.taoyuan-airport.com/
      chinese/flight_depart/

    - 桃園機場異動資訊：
      http://www.taoyuan-airport.com/
      chinese/revised_flight/

    - 那霸機場起飛資訊：
      http://www.naha-airport.co.jp/terminal/
      international/

2. 颱風動態追蹤網址
    - 日本雅虎颱風動態：
      http://typhoon.yahoo.co.jp/weather/jp/
      typhoon/

    - 臺灣氣象局颱風動態：
      http://www.cwb.gov.tw/V7/prevent/
      typhoon/ty.htm?

航空公司機場緊急電話

- 長榮航空訂位電話：02-2501-1999
- 長榮航空機場服務電話：03-351-6805
- 中華航空訂位電話：02-2715-1212
- 中華航空機場服務電話：03-398-8888
- 香草航空機場服務電話：070-1010-3858（長榮代理）
- 樂桃航空客服電話：02-8793-3209（長榮代理）
- 虎航機場服務電話：03-398-8888

七、素食篇

　　先告訴大家尋找素食友善店家的小撇步：

　　看菜單，尋找疑似沒有肉或可以去掉肉的菜色。通常家
庭食堂、泰國料理、印度料理、義大利麵及Pizza、土耳其料
理等，餐點可做素（蔬）食料理的，可以試試看。

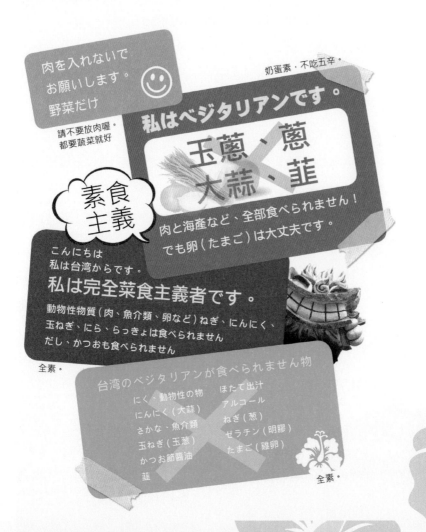

（一）北部名護：Cookhal

·營業時間：9:00～17:00（無固定休息日）

·使用語言：日文／簡單英文（只有日文菜單）

·素食類別：蛋素或全素（可依需求告知）

·美味指數：★★★★★

·再光臨指數：★★★★★

這個食堂的位置在北部的名護Nago agri park （名護農產品公園）裡，公園中還有吃到飽餐廳、農特產品販賣超市、麵包店跟花藝店。外面的停車場好大，開遊覽車來都沒有問題（笑～）。推薦人抵達時大約14:30，是週日的非用餐時間，竟然坐滿了人！

招牌是一個看起來很厲害的「豬肉大亨堡」，推薦人用簡單的英文詢問之後，店員說750日圓的沙拉可以做不放肉的蔬菜料理，確認什麼吃什麼不吃之後就說OK了！然後推薦人還加價300日圓點了一杯蔬菜果汁。

推薦人這樣寫：「點完餐後覺得有點緊張，因為我點

的那一款看起來是個沙拉，我怕吃不飽，而且店員疑似只有兩位，很忙碌，我們旁邊桌位的客人已離開，但一直都沒收拾。在既緊張又餓又不帶期待的情緒之中，餐點來了。吃了幾口之後，我跟朋友一直頻頻發出「嗯嗯」的聲音！因為很好吃啊！（朋友點的是菜單的第一款有加雞肉的咖哩。）」

「我的沙拉底下有熱的五穀飯，還有一顆半熟的蛋，這樣形容可能有點怪，因為沙拉放在飯上面怎麼會好吃呢？但它就是很驚豔的好吃啊！是一種帶著香料味的衝突美味，可以感覺它的新鮮健康，讓靈魂都舒服！而且份量很足夠，是很令人感到幸福滿滿的料理！吃完真的覺得很飽，嗝～」

如果住在這附近的公寓式飯店，有打算要開伙，這裡的菜看起來種類又多又新鮮便宜喔！不過這個食堂離公車站牌有點距離，需要開車或搭計程車過來。

·Google map：https://goo.gl/maps/DeavT5YDyjC2

·地址：日本〒905-0012 沖繩縣名護市名護，
　　　　名護4607–1

·電話：+81 980–43–7170

·官網：http://cooksonia.net/

（二）北部名護：1.5 gukuya ocean（泰國料理）

·營業時間：11:00～22:00／09:00～20:00（週三休息）

·使用語言：日文、簡單英文（有日文、英文菜單）

·素食類別：方便素、植物五辛素（可以告知不吃什麼）

·美味指數：★★★★★

·再光臨指數：★★★★★

　　這個食堂的位置在北部的名護，搭車的朋友可以在「屋部」這一站下車，大約再步行兩分鐘就會看到。門口的停車場有三個位置，如果你考駕照的時候倒車入庫沒有失分，那停進

停車格應該沒問題，另外也有附設停車場，可以先入內詢問。

　　推薦人在沖繩的素食社團裡看過外國人推薦這間餐廳，所以標記在Google map，但在他們的菜單上沒有看見任何一道蔬食料理。用簡單的英文詢問之後，店員確認什麼吃、什麼不吃，就弄了兩道菜單上沒有的特製料理，一盤是泰式野菜咖哩，一盤是沖繩風的炒蔬菜。（沖繩的餐廳對素食者好友善啊！）

　　擺盤很用心耶！餐點的口味超級好吃，推薦人說吃過的三家沖繩泰式料理，這家是第一名喔！（還邊吃邊認真分析裡面加了什麼所以好吃）。

・Google map：https://goo.gl/maps/sWFoDJ2JJ2G2

・地址：日本〒905-0007 沖繩縣名護市屋部，
　　　　屋部30-3

・電話：+81 980-43-5115

（三）中部讀谷村：GubGub's Vegan Kitchen

‧營業時間：11:30～21:00　（週二休息）

‧使用語言：日文／簡單英文（有日文、英文菜單）

‧素食類別：無奶無蛋純蔬食、植物五辛素

‧美味指數：★★★★☆

‧再光臨指數：★★★★★

　　這是一家在沖繩素食圈裡很紅的名店，食堂的位置在中部的讀谷，搭車的朋友可以在「都屋」這一站下車，再步行大約7到10分鐘就可以到達。店其實小小間的，只有兩張桌子，可以容納最多十人。而且工作人員只有老闆一個，一個擁有不完全日本臉孔卻東方打扮的大叔，以及可能會幫倒忙的貓，所以如果你們是有一臺遊覽車的人要吃飯的話，就不用考慮這裡了。

　　店裡面充滿了貓咪，會在你頭上、身邊、桌上、腳下到處遊走，所以怕貓的朋友也可以跳過這一家。如果你是貓派，那應該會覺得不錯，因為貓咪坐檯不加價喔！

　　推薦人一共三個人用餐，點了三種不同口味的漢堡及潛艇堡，裡面的肉排跟肉丸都是老闆親手用穀類及豆類製成，口感超出預期，比起在臺灣吃到的素食漢堡要強上很多，是非常道地的美式口味（美國念書的朋友蓋章），我個人覺得偏鹹不是我的口味，但其他兩個朋友都很喜歡喔！

　　全商品皆純蔬食無奶蛋，調味料裡面含五辛（無法去五

辛），推薦人覺得五辛僅提味而已，並沒有強烈味道，但宗
教素的朋友還是慎入。

·Google map：https://goo.gl/maps/uRpEg8ZEgB32

·地址：日本〒904–0305 沖繩縣中頭郡

　　　　讀谷村都屋, 讀谷村都屋410

·電話：+81 98–956–9004

（四）沖繩市：SomChai Thai Restaurant

· 營業時間：週日、一休息，營業時間參考Google map

· 使用語言：日文／英文

· 素食類別：方便素

· 美味指數：★★★★★

· 再光臨指數：★★★★★

　　從民宿Unity走路過去大概十分鐘，店家在沖繩市的一個

市場裡，沿路經過許多居酒屋，也在路上遇到一些西方臉孔的外國人。店家說牆上這些餐點通通可以做素食，就直接把肉換成豆腐、番茄等，老闆人非常好，英文也講得非常好。

推薦人說餐點非常好吃，好吃到可以起來轉圈圈的程度，他連續吃了兩天。推薦泰式咖哩套餐，980日圓；以及什錦蔬菜套餐，900日圓。

· Google map：https://goo.gl/maps/tUAuyJhSe1N2
· 地址：日本〒904-0004 沖繩縣沖繩市中央1丁目，
　　　　中央1丁目17-14
· 電話：+81 98-937-2208

（五）美國村：VONGO & ANCHOR

・營業時間：9:00～22:00

・使用語言：日文／簡單英文（有英文菜單）

・素食類別：全素

・美味指數：★★★★☆

・再光臨指數：★★★★☆

　　餐廳位於美國村Vessel hotel Compana Okinawa旁邊，公車站牌「桑江」下車步行約15分鐘可以抵達。這是推薦人在沖繩素食社團裡看見外國人介紹，人氣很高的CAFE店。店裡的4號餐是素食（蔬食），份量好多，吃一餐可以抵兩餐啊！推薦人說他那頓早餐整整吃了一個半小時。大推熱檸檬汁。

　　店裡的裝潢很妙，有好多好多乾燥花懸掛在上方，但又有著美式風格，也陳列了很多瓶子、鍋子，還有圍裙可以購

買，很有特色也很有質感。

·Google map：https://goo.gl/maps/ynPhSQ3NhZD2

·地址：日本〒904-0115 沖繩縣中頭郡

　　　　北谷町美濱9-21

·電話：+81 98-988-5757

（六）沖繩市：Miyanchi STUDIO & COFFEE

·營業時間：11:00～17:00（週二休息）

·使用語言：日文／簡單英文（只有日文菜單）

·素食類型：奶蛋素

·美味指數：★★★★☆

·再光臨指數：★★★★★

　　餐廳在沖繩市，鄰近公車站牌「第一與儀」或「與
儀」。這是一家很放鬆的店，推薦人點了不知名的套餐（不

知道餐點名，所以請存照片點餐），他覺得餐點很酷很好吃，最底下的是蛋喔！上桌的時候鐵鍋是燙的、蛋是生的，要趁熱攪拌麵條跟蛋液，一邊聽著鐵板滋滋作響，一邊聞著香味冒上來，視覺、嗅覺、聽覺、味覺都顧到了！這樣一份套餐加上一杯咖啡1050日圓。

　　要來這裡的朋友，開Google map導航的時候，可以改導到旁邊的教堂，路線指標在教堂旁邊，這樣就不會迷路了。

·Google map：https://goo.gl/maps/YbFgSSk8hg62

·地址：日本〒904-2104 沖繩縣沖繩市
　　　　與儀1丁目29-22

·電話：+81 98-923-1382

（七）那霸市區：Niffera cafe

·營業時間：AM 08:00~10:00（週日、一休息）

·使用語言：日文/英文；有日文、英文菜單

·素食類型：全素（部分餐點可能含五辛）

·美味指數：★★★★☆

·再光臨指數：★★★★★

　　8月16日（週三），我四點半就起床，搭六點多的公車
從沖繩市移動到那霸，再從縣廳前走近20分鐘的路，就是為
了吃這個啦！因為營業時間限定AM8：00～10：00，這次如
果再沒吃到我會飲恨啊！位置在那霸市壺屋，從單軌站「牧
志」步行約7分鐘，「世豐商店」步行4分鐘。

　　這是一家由「琉球龍摔角」的澳洲籍素食摔角選手，同
時也是去年的琉王腰帶得主Dingo擔任主廚的蔬食早餐店。

　　這家早餐其實是日本雜誌裡面的常客，雖然只有營業2個
小時，我到達的時間大約是8:45，剛好就剩下給我坐的位置
（幸運！），後面也陸續出現要候位的日本客人。

　　我點的是招牌「班尼迪克蛋」，很豐富的一道餐點，現
場看真的好像藝術品，雖然是蔬食，但口感味道層次堆疊的
很豐富，完全沒有吃菜的寂寞感喔！重點是其實這道菜裡面
根本沒有蛋耶！好厲害啊！單價¥1500。

　　另外還有飲料吧，可以無限取用包含咖啡等多種冰、熱
的好喝飲料，旁邊還附有杏仁奶，可以加在咖啡裡面！

這裡感覺就是隱身在都市裡面的一個世外桃源，Dingo還跟我介紹這裡是一個充滿能量的地方，還有蝴蝶的飼育箱（我忘了拍），所以也是有機會在這裡看見很多翩翩起舞的蝴蝶喔！非常值得特地去一趟，推薦大家來！

另外一提，其實他們本身也是一家出租民宿，有興趣想要long stay的朋友也可以參考看看哦！

·Google map：https://goo.gl/maps/dvdS17Ztq9z

·地址：日本〒902-0065 沖繩縣那霸市壺屋1丁目13-19

·電話：+81 98-868-8636

（八）Jef Burger（有四家分店：坂田店、與那原店、豐見城店、Sunrise那霸店）

·營業時間：週一～週五 9:00～23:00

　　　　　　週六8:00～24:00　　週日8:00～23:00

·素食類別：奶蛋素（起司苦瓜蛋漢堡／內含：起司、山苦瓜、蛋、美奶滋）

·美味指數：★★★★★

·再光臨指數：★★★★★

　　Jef Burger是只有沖繩才有的漢堡店，裡面所販售的
「起司苦瓜蛋漢堡」也是獨獨在這裡才吃得到！非常好吃
啊！推薦人先是點了一個套餐626日圓，然後看著旁邊的季
節限定海報，情不自禁點了杯綠綠的山苦瓜氣泡飲。推薦人
說：「非常苦，但喝起來有一種爽感耶！」

※註：不愛吃苦瓜的葷食朋友別擔心，還有其他的漢堡啦！

　　也因為實在太好吃，推薦人連續吃了兩天。第二次來跟
店員說要Okinawa cola飲料，然後得到了一杯「麥根沙士」。

　　對了，這家沖繩限定的漢堡店，有一個很特殊的服務，就
是可以直接停車在停車場，然後按旁邊的按鈕，店員會幫你點
餐後直接送到車上給你喔！你以為這樣就結束了？不不不，它
不是單純「得來速」的功能而已，是可以直接在停車原位、在
車上享用完再離開喔！一個「你的車子就是餐廳」的概念！

　　一共有四家分店，都集中在中南部，我吃的這家是「與
那原店」，臨近的公車站牌是「與那霸」，大概步行一分鐘
就到啦！

·Google map：https://goo.gl/maps/EzytBZFkAMn

·地址：日本〒901-1302 沖繩縣與那原町
　　　　上與那原467

·電話：+81 98-945-3501

·官網：http://yonabaru.jp/kigyo/jef.html

（九）南城市：CAFE 風樹

·營業時間：11:00～18:00　（週二休息）

·使用語言：日文／簡單英文（有英文、中文菜單）

·美味指數：★★★☆☆

·再光臨指數：★★★★★

　　這家是很多沖繩迷的口袋名單！位於半山腰的風景咖啡

館。餐點很簡單，要用餐的話只有四樣，但沒有一樣可以做素（蔬）食的，所以我點了蛋糕套餐，選擇兩種蛋糕加上一杯飲品的組合，價格是850日圓。最新資訊是：店員說Taco rice可以不加絞肉，但價格一樣，如果可接受，素食的彭友就點這款囉！

　　這裡風景真的非常棒，一樓和二樓都有室外情人雅座，視野很好。這裡公車可以到喔！從站牌「仲村渠」走過來大概6分鐘。

・Google map：https://goo.gl/maps/vzyvkMQ7SnG2

・地址：日本〒901-0601 沖繩縣南城市玉城垣花，
　　　　玉城垣花8-1

・電話：+81 98-948-1800

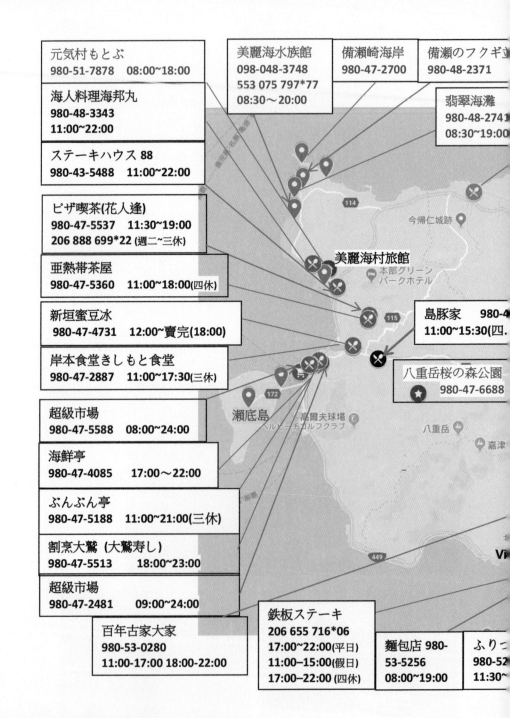

元気村もとぶ
980-51-7878　08:00~18:00

美麗海水族館
098-048-3748
553 075 797*77
08:30～20:00

備瀬崎海岸
980-47-2700

備瀬のフクギ並
980-48-2371

海人料理海邦丸
980-48-3343
11:00~22:00

翡翠海灘
980-48-2741
08:30~19:00

ステーキハウス 88
980-43-5488　11:00~22:00

ピザ喫茶(花人逢)
980-47-5537　11:30~19:00
206 888 699*22 (週二~三休)

亜熱帯茶屋
980-47-5360　11:00~18:00(四休)

新垣蜜豆冰
980-47-4731　12:00~賣完(18:00)

美麗海村旅館

島豚家　980-4
11:00~15:30(四.

岸本食堂きしもと食堂
980-47-2887　11:00~17:30(三休)

八重岳桜の森公園
980-47-6688

超級市場
980-47-5588　08:00~24:00

海鮮亭
980-47-4085　17:00～22:00

ぶんぶん亭
980-47-5188　11:00~21:00(三休)

割烹大鷲 (大鷲寿し)
980-47-5513　18:00~23:00

超級市場
980-47-2481　09:00~24:00

百年古家大家
980-53-0280
11:00-17:00 18:00-22:00

鉄板ステーキ
206 655 716*06
17:00~22:00(平日)
11:00−15:00(假日)
17:00−22:00 (四休)

麵包店 980-
53-5256
08:00~19:00

ふりこ
980-52
11:30~

北部水族館參考地圖

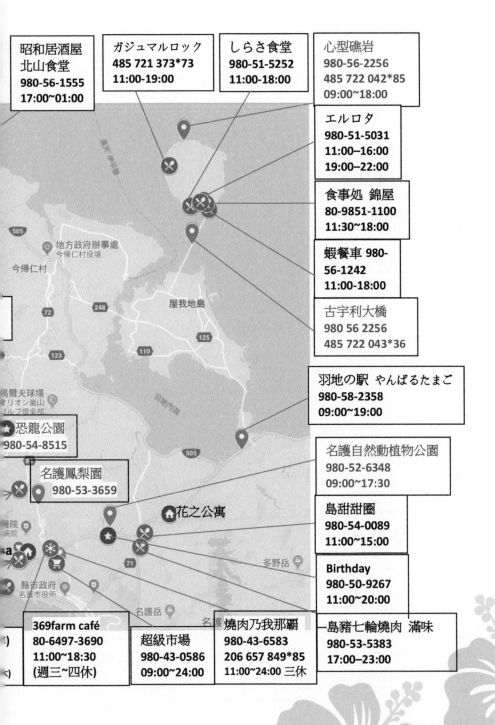

昭和居酒屋
北山食堂
980-56-1555
17:00~01:00

ガジュマルロック
485 721 373*73
11:00-19:00

しらさ食堂
980-51-5252
11:00-18:00

心型礁岩
980-56-2256
485 722 042*85
09:00~18:00

エルロタ
980-51-5031
11:00—16:00
19:00—22:00

食事処 錦屋
80-9851-1100
11:30~18:00

蝦餐車 980-
56-1242
11:00-18:00

古宇利大橋
980 56 2256
485 722 043*36

羽地の駅 やんばるたまご
980-58-2358
09:00~19:00

名護自然動植物公園
980-52-6348
09:00~17:30

島甜甜圈
980-54-0089
11:00~15:00

Birthday
980-50-9267
11:00~20:00

島豬七輪燒肉 滿味
980-53-5383
17:00—23:00

恐龍公園
980-54-8515

名護鳳梨園
980-53-3659

花之公寓

369farm café
80-6497-3690
11:00~18:30
(週三~四休)

超級市場
980-43-0586
09:00~24:00

燒肉乃我那覇
980-43-6583
206 657 849*85
11:00~24:00 三休

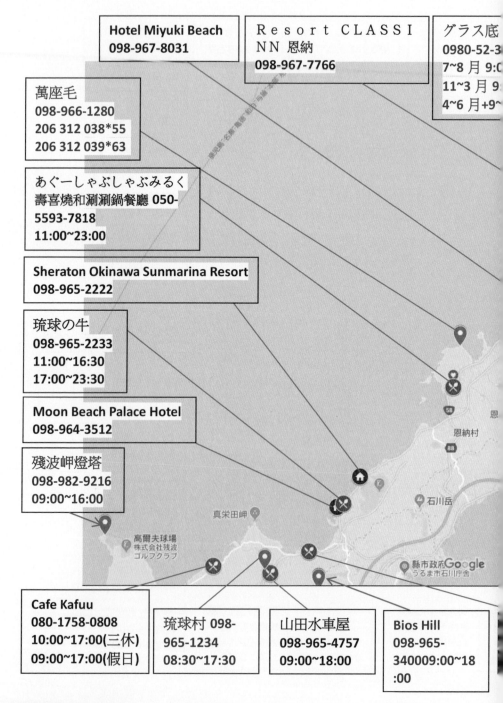

Hotel Miyuki Beach
098-967-8031

Ｒｅｓｏｒｔ ＣＬＡＳＳＩ
ＮＮ 恩納
098-967-7766

グラス底
0980-52-3
7~8 月 9:0
11~3 月 9
4~6 月 +9~

萬座毛
098-966-1280
206 312 038*55
206 312 039*63

あぐーしゃぶしゃぶみるく
壽喜燒和涮涮鍋餐廳 050-
5593-7818
11:00~23:00

Sheraton Okinawa Sunmarina Resort
098-965-2222

琉球の牛
098-965-2233
11:00~16:30
17:00~23:30

Moon Beach Palace Hotel
098-964-3512

殘波岬燈塔
098-982-9216
09:00~16:00

Cafe Kafuu
080-1758-0808
10:00~17:00(三休)
09:00~17:00(假日)

琉球村 098-
965-1234
08:30~17:30

山田水車屋
098-965-4757
09:00~18:00

Bios Hill
098-965-
340009:00~18
:00

北部恩納參考地圖

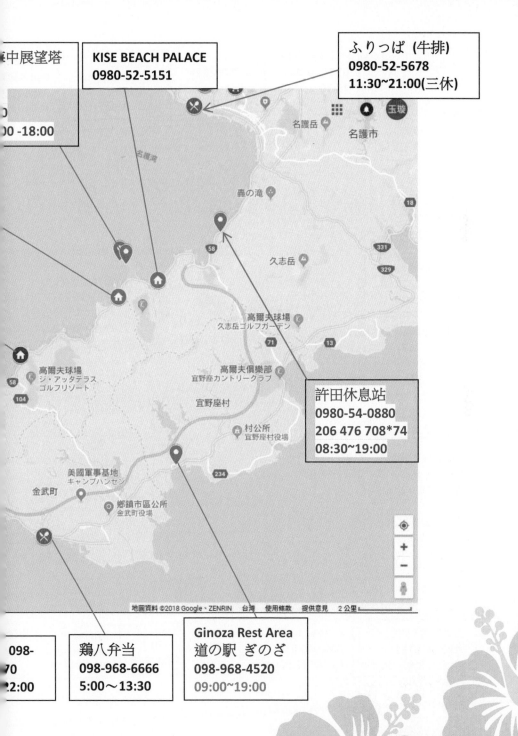

海中展望塔

KISE BEACH PALACE
0980-52-5151

ふりっぱ (牛排)
0980-52-5678
11:30~21:00(三休)

00 -18:00

名護岳

名護市

玉璇

名護湖

轟の滝

18

久志岳

331

58

329

高爾夫球場
久志岳ゴルフガーデン

71

13

高爾夫球場
ジ・アッタテラス
ゴルフリゾート

高爾夫倶樂部
宜野座カントリークラブ

許田休息站
0980-54-0880
206 476 708*74
08:30~19:00

58

104

宜野座村

村公所
宜野座村役場

234

美國軍事基地
キャンプハンセン

金武町

鄉鎮市區公所
金武町役場

098-
70
2:00

鶏八弁当
098-968-6666
5:00～13:30

Ginoza Rest Area
道の駅 ぎのざ
098-968-4520
09:00~19:00

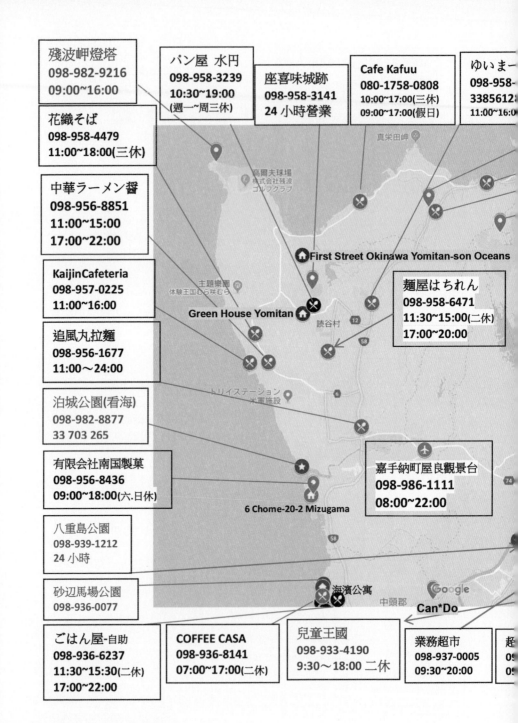

殘波岬燈塔
098-982-9216
09:00~16:00

花織そば
098-958-4479
11:00~18:00(三休)

中華ラーメン醤
098-956-8851
11:00~15:00
17:00~22:00

KaijinCafeteria
098-957-0225
11:00~16:00

追風丸拉麵
098-956-1677
11:00～24:00

泊城公園(看海)
098-982-8877
33 703 265

有限会社南国製菓
098-956-8436
09:00~18:00(六.日休)

八重島公園
098-939-1212
24 小時

砂辺馬場公園
098-936-0077

ごはん屋-自助
098-936-6237
11:30~15:30(二休)
17:00~22:00

パン屋 水円
098-958-3239
10:30~19:00
(週一~周三休)

座喜味城跡
098-958-3141
24 小時營業

Cafe Kafuu
080-1758-0808
10:00~17:00(三休)
09:00~17:00(假日)

ゆいま～
098-958-
3385612
11:00~16:00

First Street Okinawa Yomitan-son Oceans

Green House Yomitan

麺屋はちれん
098-958-6471
11:30~15:00(二休)
17:00~20:00

嘉手納町屋良觀景台
098-986-1111
08:00~22:00

6 Chome-20-2 Mizugama

海濱公寓

Can*Do

COFFEE CASA
098-936-8141
07:00~17:00(二休)

兒童王國
098-933-4190
9:30～18:00 二休

業務超市
098-937-0005
09:30~20:00

超
09
09

中部讀谷村參考地圖

琉球村
098-965-1234
08:30~17:30

浜の家
098-965-0870
11:00~22:00

山田水車屋
098-965-4757
09:00~18:00

Bios Hill
098-965-3400
09:00~18:00

業務超市
098-964-7545
09:30~20:00

Hamazushi 壽司
098-921-4330
11:00~23:00

伊波公園(水管)
33 893 724*77

動物園
098-973-4323
08:30~19:00(週 1~6)
09:30~18:30(週日)

だいこんの
098-929-3133
11:30~16:00
18:00~22:30

うなぎ大和田
098-937-4048
11:00~22:00

若夏公園
0989 939 1212
336 247 26*83

Uniqlo
098-987-8580
10:00~21:00(假日)
11:00~21:00(平日)

Hamazushi 壽司
098-979-2870
11:00~23:00

Manta Park
33 595 282*40
24 小時開放

Union 超市
098-939-5588
24HR

Birthday
098-982-6301
11:00～21:00

思夢樂
098-982-6510
11:00～21:00

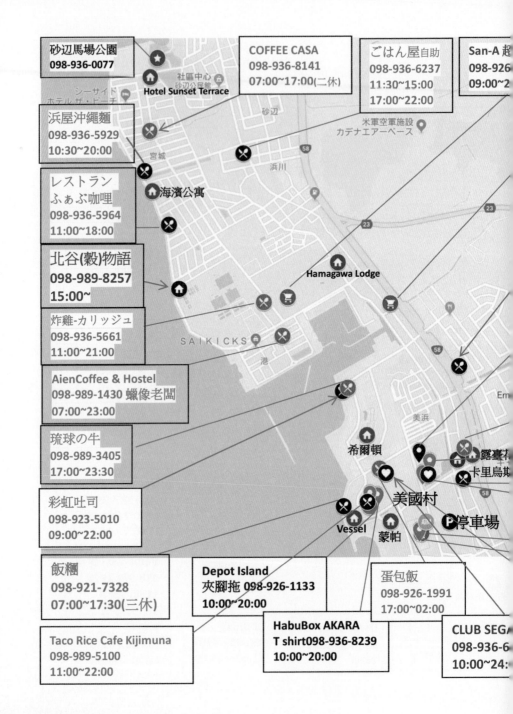

砂辺馬場公園
098-936-0077

COFFEE CASA
098-936-8141
07:00~17:00(二休)

ごはん屋自助
098-936-6237
11:30~15:00
17:00~22:00

San-A 超
098-926
09:00~2

Hotel Sunset Terrace

浜屋沖繩麵
098-936-5929
10:30~20:00

レストラン
ふぁぶ咖哩
098-936-5964
11:00~18:00

海濱公寓

北谷(穀)物語
098-989-8257
15:00~

Hamagawa Lodge

炸雞-カリッジュ
098-936-5661
11:00~21:00

AienCoffee & Hostel
098-989-1430 蠟像老闆
07:00~23:00

琉球の牛
098-989-3405
17:00~23:30

希爾頓

露臺利
卡里烏斯

彩虹吐司
098-923-5010
09:00~22:00

美國村

停車場

Vessel

蒙帕

飯糰
098-921-7328
07:00~17:30(三休)

Depot Island
夾腳拖 098-926-1133
10:00~20:00

蛋包飯
098-926-1991
17:00~02:00

Taco Rice Cafe Kijimuna
098-989-5100
11:00~22:00

HabuBox AKARA
T shirt098-936-8239
10:00~20:00

CLUB SEGA
098-936-6
10:00~24:

中部美國村參考地圖

超市(2 隻鳥)
098-936-7644
09:00~24:00

Hamazushi 壽司
098-982-7331
11:00~23:00

Seria 百元店
098-936-1420
10:00~22:00

Can*Do

Union 超市
098-936-1238
24HR

グルメ迴轉壽司
098-926-3222
11:00~22:00

桃原公園
33 558 227
33 558 136*27
08:30~22:00

冰淇淋
098-926-4910
11:l00~23:00

壽司 味自満
098-926-3111
17:00~凌晨 1 點

大國藥妝店
098-921-7050
098-921-7060
(100 均)
09:00~23:00

Plus Heart
プラスハート
好逛雜貨
098-982-7578

Aeon 超市
098-982-7575
07:00~24:00
10:00~24:00

風丸 北谷店
98-926-0027
:30~24:00

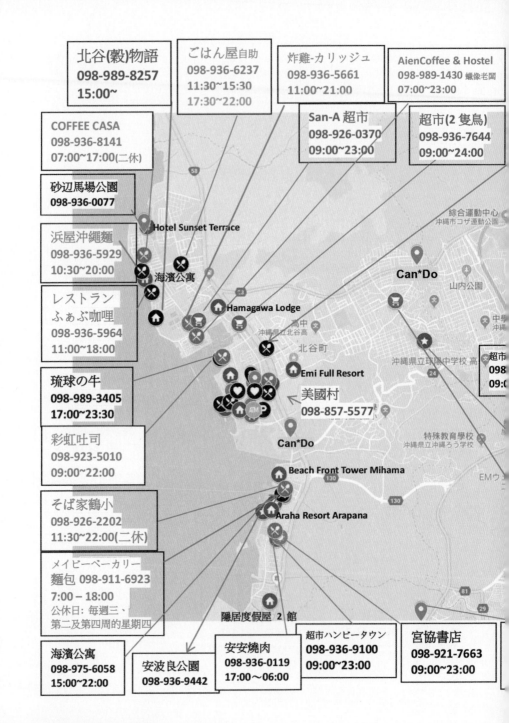

北谷(穀)物語
098-989-8257
15:00~

ごはん屋自助
098-936-6237
11:30~15:30
17:30~22:00

炸雞-カリッジュ
098-936-5661
11:00~21:00

AienCoffee & Hostel
098-989-1430 蠟像老闆
07:00~23:00

COFFEE CASA
098-936-8141
07:00~17:00(二休)

San-A 超市
098-926-0370
09:00~23:00

超市(2 隻鳥)
098-936-7644
09:00~24:00

砂辺馬場公園
098-936-0077

Hotel Sunset Terrace

綜合運動中心
沖縄市コザ運動公園

浜屋沖繩麵
098-936-5929
10:30~20:00

海濱公寓

Can*Do

山内公園

レストラン
ふぁぶ咖哩
098-936-5964
11:00~18:00

Hamagawa Lodge

高中
沖縄県立北谷高

北谷町

沖縄県立球陽中学校 高

超市
098
09:0

琉球の牛
098-989-3405
17:00~23:30

Emi Full Resort

美國村
098-857-5577

24

彩虹吐司
098-923-5010
09:00~22:00

Can*Do

特殊教育學校
沖縄県立沖縄ろう学校

EMウ

そば家鶴小
098-926-2202
11:30~22:00(二休)

Beach Front Tower Mihama
130

130

Araha Resort Arapana

メイビーベーカリー
麵包 098-911-6923
7:00 – 18:00
公休日: 每週三、
第二及第四周的星期四

81

29

隱居度假屋 2 館

超市ハンビータウン
098-936-9100
09:00~23:00

宮協書店
098-921-7663
09:00~23:00

海濱公寓
098-975-6058
15:00~22:00

安波良公園
098-936-9442

安安燒肉
098-936-0119
17:00～06:00

中部來客夢參考地圖

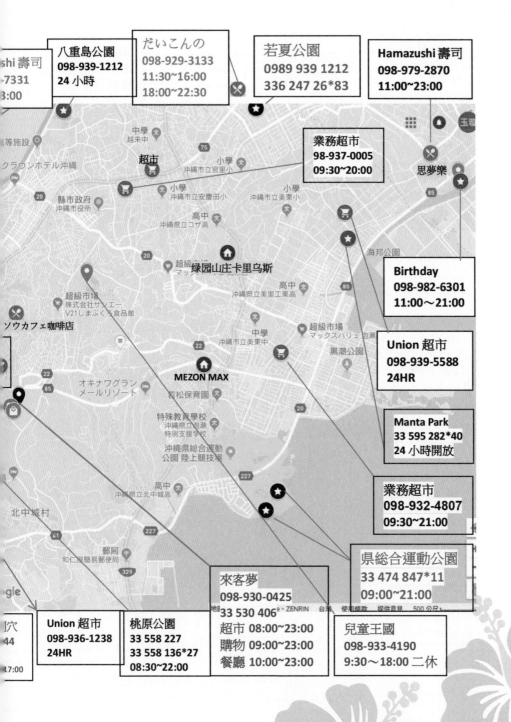

shi 壽司
-7331
3:00

八重島公園
098-939-1212
24 小時

だいこんの
098-929-3133
11:30~16:00
18:00~22:30

若夏公園
0989 939 1212
336 247 26*83

Hamazushi 壽司
098-979-2870
11:00~23:00

業務超市
98-937-0005
09:30~20:00

思夢樂

超市

Birthday
098-982-6301
11:00～21:00

ソウカフェ咖啡店

綠園山庄卡里烏斯

Union 超市
098-939-5588
24HR

MEZON MAX

Manta Park
33 595 282*40
24 小時開放

業務超市
098-932-4807
09:30~21:00

県総合運動公園
33 474 847*11
09:00~21:00

來客夢
098-930-0425
33 530 406
超市 08:00~23:00
購物 09:00~23:00
餐廳 10:00~23:00

兒童王國
098-933-4190
9:30～18:00 二休

穴
44

17:00

Union 超市
098-936-1238
24HR

桃原公園
33 558 227
33 558 136*27
08:30~22:00

147

Union 超市
098-898-5400
24 小時

Round 1
098-870-2110
10:00~

農夫市集
098-890-0577
平 11:00~18:00
假 10:30~19:00

浦添大公園
33 312 045 遊樂場
33 312 008 瞭望台
09:00~21:00

驚安
098-
09:0

海鮮食堂太陽
098-875-7744
11:00~15:30 一休

雞湯拉麵屋
098-879-7517
09:00~17:00 一休

水果塔オハコルテ
098-875-2129
11:30~19:00

トミ家工房
098-875-5555
10:00~19:00 日休

電器 KOJIMA x BIC
CAMERA
+81 98-941-3001
10:00~22:00

Birthday
098-942-6111
11:00～21:00

百元麵包
& Can*Do
098-879-4111

海炎祭
拉古

月亮海酒店

健康食彩レストラ
ン だいこんの花
+81 98-861-8889
11:30–16:00
18:00–22:30

Te Da Ko 沖繩麵
098-875-5952
11:00~20:00 一休

HM

思夢樂
098-917-0867
11:00~21:00

業務超市
098-879-7339
09:30~21:30

HM

HM

HM

HM

泊港漁市場
098-868-1096
06:00~18:00

スシロー壽司
098-860-8836
平 11:00~23:00
假 10:30~23:00

目利きの銀次
098-863-3442
17:00~01:00

炸雞店
-からあげや カリッジュ
098-868-8730
11:00~21:00

濱寿司
098-882-166
11:00~23:00

宜野灣參考地圖

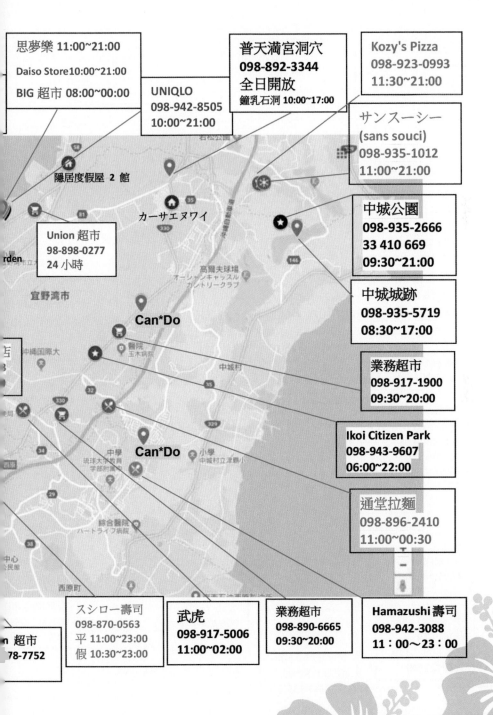

思夢樂 11:00~21:00

Daiso Store 10:00~21:00

BIG 超市 08:00~00:00

UNIQLO
098-942-8505
10:00~21:00

普天満宮洞穴
098-892-3344
全日開放
鐘乳石洞 10:00~17:00

Kozy's Pizza
098-923-0993
11:30~21:00

サンスーシー
(sans souci)
098-935-1012
11:00~21:00

隱居度假屋 2 館

カーサエヌワイ

Union 超市
98-898-0277
24 小時

中城公園
098-935-2666
33 410 669
09:30~21:00

中城城跡
098-935-5719
08:30~17:00

宜野湾市

Can*Do

業務超市
098-917-1900
09:30~20:00

Ikoi Citizen Park
098-943-9607
06:00~22:00

Can*Do

通堂拉麵
098-896-2410
11:00~00:30

スシロー壽司
098-870-0563
平 11:00~23:00
假 10:30~23:00

武虎
098-917-5006
11:00~02:00

業務超市
098-890-6665
09:30~20:00

Hamazushi 壽司
098-942-3088
11：00～23：00

超市
78-7752

いちぎん食堂
098-868-1558
24 小時營業

淳久堂書店
098-860-7175
10:00～22:00

暖暮
098-863-8331
11:00~02:00

便宜乐
098-8
10:00

ikado みかど
098-868-7082
24 小時營業

串燒吃到飽
098-862-6347
17:00~03:00

福州園百合花
+81 98-869-5384

安木屋一銀通り店
+81 98-862-6117
10:00～19:00(日休

HM 便當
+81 98-866-6004
09:00~22:00

塩屋-冰淇淋
098-917-4140
10:00~22:00

ラーメン追風丸
98-861-0239
11:30~01:00
11:30-03:00(五.六)

泡盛琉歌沖繩本店
98-979-5008
17:00—00:00
17:00-05:00(五.六)

Hotel Gracery Naha

Hotel Rocore Naha

わたんじ
+81 98-861-8753
17:30~01:00

水果塔泉崎店
Ohacorte
098-869-1830
7:30~21:00

うみちゅらら
票根換扭蛋
098-917-1500
10:00~22:00

大國
098-860-8383
10:00~24:00

驚安殿堂
098-951-2311
24 小時

飯糰(週三休)
098-867-9550
07:00~17:30

國際通參考地圖

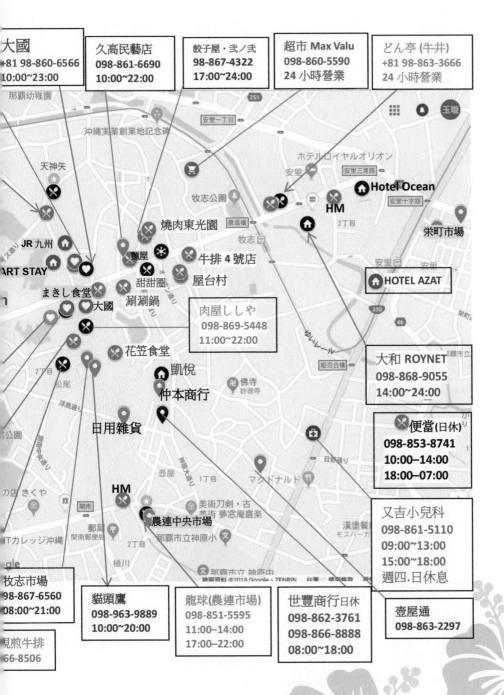

大國
+81 98-860-6566
10:00~23:00

久高民藝店
098-861-6690
10:00~22:00

餃子屋・弐ノ弐
98-867-4322
17:00~24:00

超市 Max Valu
098-860-5590
24 小時營業

どん亭 (牛井)
+81 98-863-3666
24 小時營業

肉屋ししや
098-869-5448
11:00~22:00

大和 ROYNET
098-868-9055
14:00~24:00

便當(日休)
098-853-8741
10:00–14:00
18:00–07:00

又吉小兒科
098-861-5110
09:00~13:00
15:00~18:00
週四.日休息

牧志市場
98-867-6560
08:00~21:00

貓頭鷹
098-963-9889
10:00~20:00

龍球(農連市場)
098-851-5595
11:00–14:00
17:00–22:00

世豐商行日休
098-862-3761
098-866-8888
08:00~18:00

壺屋通
098-863-2297

見煎牛排
66-8506

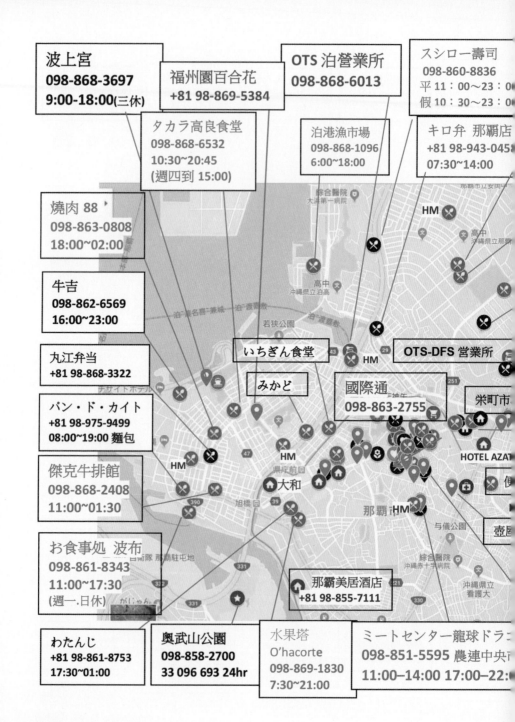

波上宮
098-868-3697
9:00-18:00(三休)

福州園百合花
+81 98-869-5384

OTS 泊營業所
098-868-6013

スシロー壽司
098-860-8836
平 11：00〜23：0
假 10：30〜23：0

タカラ高良食堂
098-868-6532
10:30〜20:45
(週四到 15:00)

泊港漁市場
098-868-1096
6:00〜18:00

キロ弁 那覇店
+81 98-943-045
07:30〜14:00

燒肉 88
098-863-0808
18:00〜02:00

牛吉
098-862-6569
16:00〜23:00

丸江弁当
+81 98-868-3322

いちぎん食堂

みかど

OTS-DFS 営業所

國際通
098-863-2755

栄町市

パン・ド・カイト
+81 98-975-9499
08:00〜19:00 麵包

傑克牛排館
098-868-2408
11:00〜01:30

HOTEL AZAT

お食事処 波布
098-861-8343
11:00〜17:30
(週一.日休)

那霸美居酒店
+81 98-855-7111

壺屋

わたんじ
+81 98-861-8753
17:30〜01:00

奧武山公園
098-858-2700
33 096 693 24hr

水果塔
O'hacorte
098-869-1830
7:30〜21:00

ミートセンター龍球ドラ
098-851-5595 農連中央市
11:00〜14:00 17:00〜22：

市區周圍參考地圖

目利きの銀次
098-863-3442
17:00~01:00

雞店
らあげや カリッジュ
8-868-8730
:00~21:00

大阪王將
098-951-3300
09:00~23:00

業務超市
+81 98-879-7339
09:30~21:30

思夢樂
+81 98-917-0867
11:00~21:00

濱寿司
098-882-1666
11:00~23:00

通堂拉麵
098-885-8889
11:00~00:30

Joyfull
Omoromachi
ジョイフル おもろ
まち店
+81 98-941-5700
24 小時營業

大和 ROYNET
98-868-9055
4:00~24:00

HM 便當
+81 98-886-2056
09:00~22:00

首里城
098-886-2020

豐商行
物館 098-862-3761
悦 098-866-8888
:00~18:00(週日休)

通堂拉麵
098-834-0141
11:00~00:30

HM 便當
098-831-8184
09:00~23:00

宮城公園(絲瓜)
098-889-4412

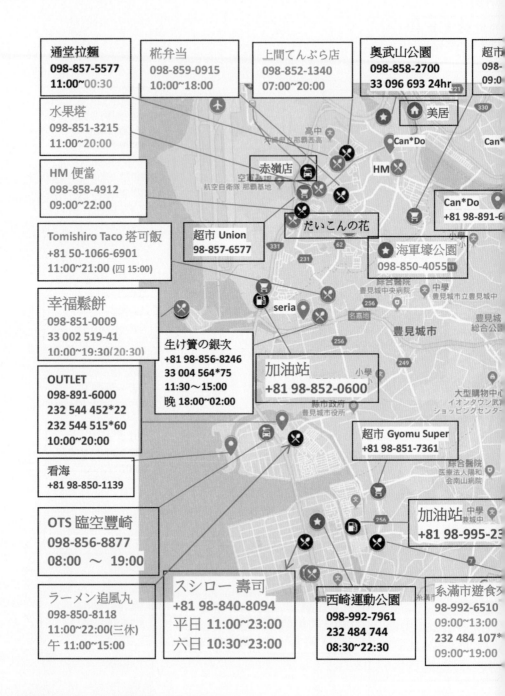

通堂拉麵
098-857-5577
11:00~00:30

椛弁当
098-859-0915
10:00~18:00

上間てんぷら店
098-852-1340
07:00~20:00

奧武山公園
098-858-2700
33 096 693 24hr

超市
098-
09:0

水果塔
098-851-3215
11:00~20:00

美居

Can*Do

Can*

HM

HM

赤嶺店

だいこんの花

Can*Do
+81 98-891-6

HM 便當
098-858-4912
09:00~22:00

超市 Union
98-857-6577

海軍壕公園
098-850-4055

Tomishiro Taco 塔可飯
+81 50-1066-6901
11:00~21:00 (四 15:00)

幸福鬆餅
098-851-0009
33 002 519-41
10:00~19:30(20:30)

生け簀の銀次
+81 98-856-8246
33 004 564*75
11:30～15:00
晚 18:00~02:00

seria

加油站
+81 98-852-0600

豐見城市

OUTLET
098-891-6000
232 544 452*22
232 544 515*60
10:00~20:00

超市 Gyomu Super
+81 98-851-7361

看海
+81 98-850-1139

OTS 臨空豐崎
098-856-8877
08:00 ～ 19:00

加油站
+81 98-995-23

ラーメン追風丸
098-850-8118
11:00~22:00(三休)
午 11:00~15:00

スシロー 壽司
+81 98-840-8094
平日 **11:00~23:00**
六日 **10:30~23:00**

西崎運動公園
098-992-7961
232 484 744
08:30~22:30

系滿市遊食
98-992-6510
09:00~13:00
232 484 107*
09:00~19:00

南部Outlet參考地圖

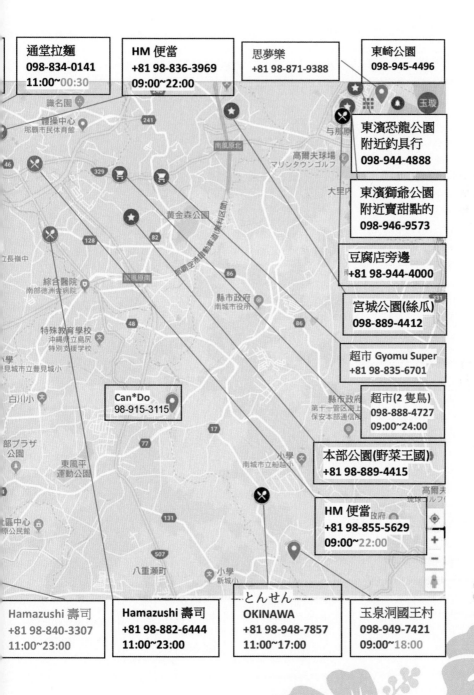

通堂拉麵
098-834-0141
11:00~00:30

HM 便當
+81 98-836-3969
09:00~22:00

思夢樂
+81 98-871-9388

東崎公園
098-945-4496

東濱恐龍公園
附近釣具行
098-944-4888

東濱獅爺公園
附近賣甜點的
098-946-9573

豆腐店旁邊
+81 98-944-4000

宮城公園(絲瓜)
098-889-4412

超市 Gyomu Super
+81 98-835-6701

超市(2 隻鳥)
098-888-4727
09:00~24:00

Can*Do
98-915-3115

本部公園(野菜王國)
+81 98-889-4415

HM 便當
+81 98-855-5629
09:00~22:00

Hamazushi 壽司
+81 98-840-3307
11:00~23:00

Hamazushi 壽司
+81 98-882-6444
11:00~23:00

とんせん
OKINAWA
+81 98-948-7857
11:00~17:00

玉泉洞國王村
098-949-7421
09:00~18:00

155

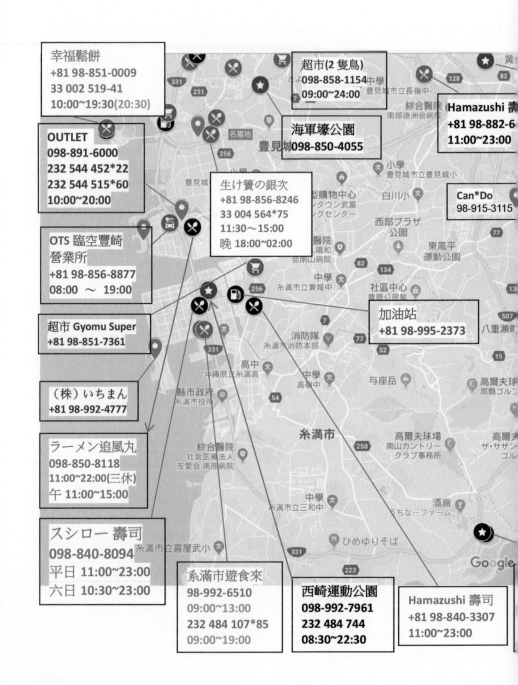

幸福鬆餅
+81 98-851-0009
33 002 519-41
10:00~19:30(20:30)

超市(2 隻鳥)
098-858-1154
09:00~24:00

Hamazushi 壽司
+81 98-882-6
11:00~23:00

海軍壕公園
098-850-4055

OUTLET
098-891-6000
232 544 452*22
232 544 515*60
10:00~20:00

生け簀の銀次
+81 98-856-8246
33 004 564*75
11:30～15:00
晚 18:00~02:00

Can*Do
98-915-3115

OTS 臨空豐崎
營業所
+81 98-856-8877
08:00 ～ 19:00

加油站
+81 98-995-2373

超市 Gyomu Super
+81 98-851-7361

（株）いちまん
+81 98-992-4777

ラーメン追風丸
098-850-8118
11:00~22:00(三休)
午 11:00~15:00

スシロー 壽司
098-840-8094
平日 11:00~23:00
六日 10:30~23:00

糸滿市遊食來
98-992-6510
09:00~13:00
232 484 107*85
09:00~19:00

西崎運動公園
098-992-7961
232 484 744
08:30~22:30

Hamazushi 壽司
+81 98-840-3307
11:00~23:00

南部玉泉洞參考地圖

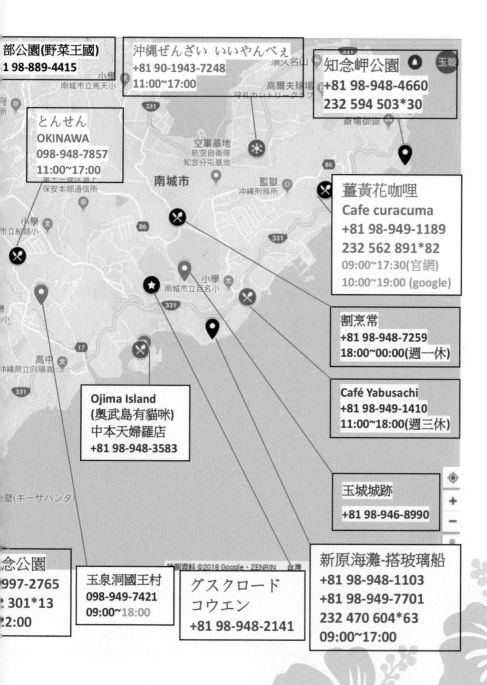

部公園(野菜王國)
1 98-889-4415

沖繩ぜんざい いいやんべぇ
+81 90-1943-7248
11:00~17:00

知念岬公園
+81 98-948-4660
232 594 503*30

とんせん
OKINAWA
098-948-7857
11:00~17:00

薑黃花咖哩
Cafe curacuma
+81 98-949-1189
232 562 891*82
09:00~17:30(官網)
10:00~19:00 (google)

割烹常
+81 98-948-7259
18:00~00:00(週一休)

Café Yabusachi
+81 98-949-1410
11:00~18:00(週三休)

Ojima Island
(奧武島有貓咪)
中本天婦羅店
+81 98-948-3583

玉城城跡
+81 98-946-8990

念公園
997-2765
301*13
22:00

玉泉洞國王村
098-949-7421
09:00~18:00

グスクロード
コウエン
+81 98-948-2141

新原海灘-搭玻璃船
+81 98-948-1103
+81 98-949-7701
232 470 604*63
09:00~17:00

有你真好

陳盈青

黃珮桓

楊玉璇

朱孝誠

❤ 感謝彭大家族團友提供資訊

陳盈青 雨天備案精選

黃珮桓 公共巴士遊沖繩

哪裡找寄物櫃

素食篇

楊玉璇 沖繩地圖

朱孝誠 護照遺失篇

彭大家族

Fall in love
with Okinawa ❤

One Two Smile OTS
沖縄ツーリスト

沖縄旅遊株式公司 (OTS)
由訂房網頁「OneTwoSmileHOTEL」
體驗預約網頁「OneTwoSmileACTIVITIES」
租車網頁「OTS レンタカー」
組成

除了機票以外，所有旅行中所需要的項目均提供網路上的預約。更因為提供多國語言的服務，讓您在訪日觀光時能更加方便的使用。

除此之外在台北設立事務所，讓使用網路預約的旅客能安心的使用自己國家的語言進行諮詢。OTS 租車同時也提供多國語言的服務人員，如果在旅途中發生任何的困難當地的工作人員都可以協助您。

敝公司做為最在地的旅行社，投入和提供最在地的服務，同時也提供多樣化便捷的 OTA（Online Travel Agent）服務。

ACROSS 系列 043

沖繩彭大家族自助錦囊：新手篇

作　者—彭國豪、郭聖馨
主　編—李國祥
責任編輯—麥可欣
企畫選題暨編輯協力—葉蘭芳
封面設計—十六設計

總編輯—李采洪
發行人—趙政岷
出版者—時報文化出版企業股份有限公司
　　　　一○八○三臺北市和平西路三段二四○號三樓
　　　　發行專線—(○二)二三○六—六八四二
　　　　讀者服務專線—○八○○—二三一—七○五
　　　　　　　　　　(○二)二三○四—七一○三
　　　　讀者服務傳真—(○二)二三○四—六八五八
　　　　郵撥—一九三四四七二四時報文化出版公司
　　　　信箱—臺北郵政七九～九九信箱
時報悅讀網—http://www.readingtimes.com.tw
電子郵件信箱—newstudy@readingtimes.com.tw
時報出版大時代線粉絲團—http://www.facebook.com/readingtimes01/?modal=admin_todo_tou
法律顧問—理律法律事務所陳長文律師、李念祖律師
印　刷—詠豐印刷有限公司
初版一刷—二○一八年五月二十五日
初版三刷—二○一九年一月三日
定　價—新臺幣三六○元
(缺頁或破損的書，請寄回更換)

時報文化出版公司成立於一九七五年，
並於一九九九年股票上櫃公開發行，於二○○八年脫離中時集團非屬旺中，
以「尊重智慧與創意的文化事業」為信念。

沖繩彭大家族自助錦囊：新手篇 / 彭國豪，郭聖馨作. -- 初
版. -- 臺北市：時報文化，2018.05
面；　公分. -- (ACROSS 系列；43)
ISBN 978-957-13-7412-3(平裝)

1.自助旅行　2.日本沖繩縣

731.7889　　　　　　　　　　　　　　107006650

ISBN 978-957-13-7412-3
Printed in Taiwan

用你的愛心，
換社團貼紙，
帶著好運出發吧！

▼圖為小額愛心捐款
換貼紙表單
2015年~2018年
登記之統計金額。

2015年度	36,036
2016年度	252,752
2017年度	479,167
2018年度	709,419
總捐出金額	1,477,374

從２０１５年９月創社團到現在，
一開始別人眼中為不足道的小額捐款，
沒有變過的堅持，１，０００多個日子裡，
累積的不記名小額愛心捐款，
即將突破：新台幣１５０萬元，
這是一個令人驕傲的數字。

雖然不會有證明文件、
雖然不會有社會單位的感謝狀，
但相信這一些默默付出、內心充滿愛的朋友們，
在你們每個人的心中，
已經深深的烙下暖暖的印記，
就像我們愛上的沖繩藍一樣，
讓人感動、令人微笑。

相信我們小小的力量，
一定將會讓這個世界變得更美好。
莫忘初衷，堅持做對的事！

在沖繩，風是涼的，人是笑的，心是寬的，
每一刻、每一處都有驚喜。
我們的社團，就跟你知道的沖繩一樣，
那麼友善，那麼清澈。
We are all the same ,fall in love with Okinawa.......

元氣滿滿 北海道

We are GENKI Hokkaido

＃元氣滿滿。北海道

自助錦囊
北海道

跟著彭大 去旅行 ♥

道北
Douhoku

●旭川

道東
Doutou

●札幌

●小樽

●富良野

●釧路

道央
Douou

●千歲

道南
Dounana

●函館

我們是熱愛自駕的一群人

來自日本最南端的沖繩

現在一路向北來到北海道

在這個日本面積最大的一級行政區

在這個四季分明的的美麗城市

你可能已經很熟悉北海道

也可能跟我們一樣剛踏上北海道迷人的土地

但是我們真誠與熱情都是一樣的

讓我們一起來 fall in love with hokkaido ....

展開這一段全新的北海道之旅吧！

join us

facebook 北海道 彭大家族自助錦囊

since 20180916

 ×

優惠折扣券！BicCamera、KOJIMA、Sofmap 各店舖都可使用。

薬 藥妝

Johnson&Johnson VISION
SEED etc.
define define
隱形眼鏡

免稅 最高 優惠
8% OFF + 7% OFF

7% OFF 照相機、家電、手錶、玩具、隱形眼鏡 等等

5% OFF 藥品、化妝品、日用品 等等

3% OFF 日本清酒(獺祭、八海山除外)

影印或出示手機畫面即可　　有效至 2019/04/30

Apple產品、勞力士、Nintendo　Switch的遊戲機主體及其官方配件和遊戲軟件、日本清酒以外的酒類、Outlet商品、二手商品等可以免稅，但是沒有額外的折扣。遊戲機本體、食品適用於8% OFF＋5% OFF折扣券。日本清酒（獺祭、八海山除外）可享受免稅8%＋3%折扣。不能與其他的優惠活動、折價券同時使用。在Air BIC CAMERA店折扣額有時會有所不同。請向店員確認是否滿足免稅條件。BicCamera保留活動內容變更及最終解釋之權利。詳細信息請諮詢店員。酒類商品請在酒類專用櫃台結帳。

① (カウント JAN)
2 973891 185614

② (家電・ドラッグ　自動値引き JAN)
2 402230 007947

※必ず①、②両方をスキャンの上、会計をお願い致します。

 etc

 網上預留，店內付款提貨

搜索　預留

 BicCamera DELIVERY

機場配送　飯店配送

BIC CAMERA GROUP website

▶ 日本全國共有 47 家門店

 東京 新宿

大阪 難波　東京 秋葉原　北海道 札幌

東京 銀座 有樂町　東京 原宿　東京 池袋

愛知 名古屋　京都　福岡 天神

等等

人氣商品精品店 Air BIC CAMERA

羽田機場國際線候機樓店
OPEN 7:00AM~10:00PM

成田國際機場第二候機樓店
OPEN 7:30AM~9:00PM

AQUA CiTY ODAIBA 店
OPEN 11:00AM~9:00PM

Air BIC CAMERA羽田機場店和成田機場店在出入境辦理處外側，請注意辦理日本出境手續後，將不能再光顧。

アップル純正品、ロレックス、Nintendo switchの本体、ソフト・純正アクセサリー、一部お酒、アウトレット品、中古品など割引対象外商品があります。免税8% OFFは対象です。その他ゲーム機本体、お菓子は免税8% OFF＋5% OFFです。日本酒（獺祭、八海山除く）は免税8%＋3%引です。他のキャンペーン、割引き、クーポンとの併用はできません。Air BIC CAMERAは、割引率が異なる場合があります。免税には条件があります。キャンペーンは予告なく変更となる場合があります。詳しくは販売員までお尋ねください。お酒は酒販レジでのみ会計可能です。出国手続きはイミグレーションの前にあります。出国手続きをした後でお立ち寄りいただけました。ご注意ください。印刷または携帯画面提示します。

BIC CAMERA　KOJIMA　Sofmap

ドン.キホーテ

驚安の殿堂 唐吉訶德

立刻掃描下載優惠券

手機版

電子版優惠券使用注意事項

結帳時出示優惠券畫面給收銀員，
讓收銀員按下使用按鈕，
一支手機一天限於使用一張優惠券。

菸酒類產品 POSA卡結帳不可使用此優惠。
不可和其他優惠併用。

全日本皆可使用
日本最大綜合折扣免稅商店
全國連鎖

Don Quijote

DATA

国際通り店	宜野湾店	うるま店	名護店
☎ 098-951-2311	☎ 098-942-9911	☎ 098-951-2311	☎ 098-045-0411
⏰ 24 小時營業	⏰ 09:00~05:00	⏰ 09:00~04:00	⏰ 09:00~03:00
Mapcode **33 157 382*41**	Mapcode **33 434 024*33**	Mapcode **33 628 781*30**	Mapcode **206 688 427*36**